信心与希望

温家宝总理访谈实录

新华社总编室 编

新华出版社

2010年2月27日，“两会”召开前夕，中共中央政治局常委、国务院总理温家宝来到新华网访谈室，接受中国政府网和新华网的联合专访，与广大网友进行在线交流。这是温家宝总理在回答网友提问。

（新华社记者马占成摄）

2009年2月28日，中共中央政治局常委、国务院总理温家宝在中国政府网与网友在线交流。这是温家宝总理与网友在线交流并接受中国政府网、新华网联合专访。
（新华社记者姚大伟摄）

2009年12月27日，中共中央政治局常委、国务院总理温家宝在北京中南海紫光阁接受新华社记者独家专访，就当前经济形势和2010年经济工作等问题回答新华社记者提问。（新华社记者姚大伟摄）

2010年2月12日至13日，中共中央政治局常委、国务院总理温家宝来到广西河池市东兰县、巴马瑶族自治县，看望慰问受灾群众，指导抗旱救灾工作。这是2月13日，温家宝在巴马瑶族自治县东山乡弄谟村供水点拧开水龙头为群众接水。（新华社记者姚大伟摄）

2010年1月23日至24日，中共中央政治局常委、国务院总理温家宝来到新疆阿勒泰市、塔城市、托里县、额敏县，慰问各族干部群众，实地察看灾情，指导抗灾救灾工作。这是1月24日，温家宝来到塔城盆地南缘著名的老风口——托里县多拉特乡冬古列克村看望村民，气温为零下30摄氏度，正刮着7级大风。大风卷起积雪吹打在脸上，眼睛都睁不开。（新华社记者李学仁摄）

自担任共和国总理以来，每到教师节，温家宝都要抽出时间看望教师和学生。这是2009年9月4日，在北京市第三十五中学，温家宝在旁听初二（五）班的课。（新华社记者李学仁摄）

2009年7月4日至5日，中共中央政治局常委、国务院总理温家宝在山西考察。这是7月5日，温家宝在同煤集团塔山矿井慰问煤矿工人并与他们共进午餐。

（新华社记者姚大伟摄）

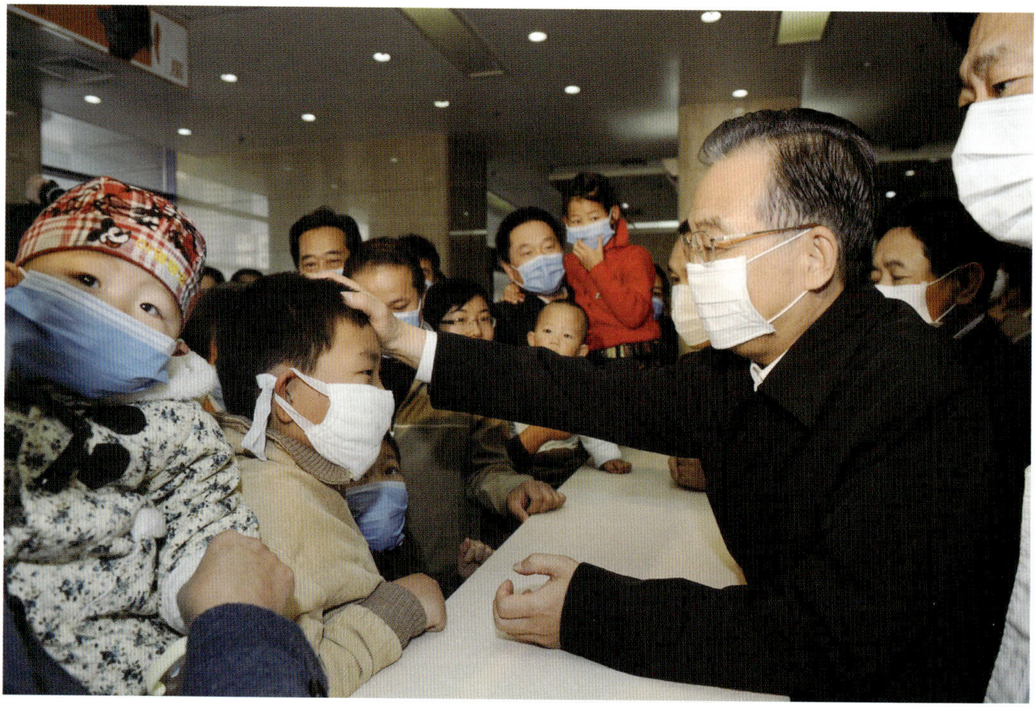

2009年10月31日，中共中央政治局常委、国务院总理温家宝到北京儿童医院，亲切看望慰问医护人员和正在就诊的患者，考察甲型H1N1流感防控工作。

（新华社记者饶爱民摄）

2010年1月30日，中共中央政治局常委、国务院总理温家宝来到河北省承德市滦平县巴克什营镇偏桥村看望村民，并在村民苏洪喜家中召开座谈会，就《政府工作报告》起草和改进政府工作与农民们座谈，听取意见和建议。这是温家宝在村民苏洪喜家召开座谈会，与村代表座谈。（新华社记者黄敬文摄）

2010年1月31日上午9时许，中共中央政治局常委、国务院总理温家宝在中共中央政治局委员、北京市委书记刘淇陪同下，来到北京市朝阳区麦子店街道枣营北里社区服务中心，就正在起草的《政府工作报告》和改进政府工作，听取大家意见。这是温家宝在座谈后与社区居民交谈。（新华社记者黄敬文摄）

2010年2月27日，“两会”召开前夕，中共中央政治局常委、国务院总理温家宝来到新华网访谈室，接受中国政府网和新华网的联合专访，与广大网友进行在线交流。访谈结束后，温家宝在新华社社长李从军陪同下来到新华社新闻大厦，看望周末值班的采编人员。这是温家宝总理在看望新华社周末值班的采编人员时讲话。

（新华社记者金良快摄）

目　录

2010年2月27日

温家宝总理
与网友在线交流实录

2010年2月27日 温家宝总理与网友在线交流实录

［中国政府网、新华网］温总理已经来到了访谈现场。［02—27 14：40］

［中国政府网、新华网］温总理正在了解网友提问的情况。［02—27 14：43］

主持人：各位网友，大家好，这里是中国政府网、新华网联合在线访谈。我是主持人赵艳。我们今天邀请到的访谈嘉宾，是海内外网友热切期盼的温家宝总理。一年前，就是在这个访谈间，温总理首次与我们的网友进行在线交流，长达两个多小时，坦诚回答了大家的提问，给网友们留下了深刻、美好的印象。众多的网友都一直期待着能再有机会和总理在网上交流。今天，温总理满足了大家的愿望，在百忙之中再次来到了我们的访谈间。温总理，您好。［02—27 14：59］

温家宝：你好。[02—27 15：00]

主持人：我首先代表中国政府网、新华网的海内外网友向您表示热烈的欢迎。[02—27 15：00]

温家宝：谢谢。[02—27 15：00]

主持人：总理，我们的访谈预告发出去之后，网上一片欢腾，网友们热情高涨。访谈刚开始时，编辑们告诉我说，仅通过新华网发展论坛发出的帖子就已经超过 10 万条，此时此刻，海内外的网友都在电脑旁等待着您。总理，请您先和网友说几句话吧。[02—27 15：01]

温家宝：网友们，很高兴同大家进行在线交流。去年是 2 月 28 日，我本来也想还取在 2 月 28 号，但我考虑到明天是正月十五，是阖家团聚的日子，所以我就改到 27 号。在这里，我向大家拜年。[02—27 15：01]

温家宝：这次在线访谈，我的心情确实不那么紧张，倒有一种十分珍惜的感情，因为我知道这样的机会不多了。这些天来，我一直十分关注网上网民提出的各种问题。[02—27 15：02]

温家宝：我在中南海 25 年，可以说是一个没有节假日的人。这几天我就更显得心情沉重。[02—27 15：02]

温家宝：看到人民需要解决的问题，我常仰而思之，夜以继日；幸而得之，坐以待旦。我还想，当一个人为多数人所信任的时候，他已经不再属于自己，他已经是“公共财产”，属于人民了。我要鞠躬尽瘁，死而后已，真正做到无愧于人民，我是带着真心、真意、真情来同网友们交流的。我愿随意地同大家谈心。［02—27 15：04］

主持人：谢谢总理。我相信所有的网友会和我一样，听了总理的话都非常感动。总理，现在有很多网友都给您拜年，您也看到了。［02—27 15：04］

［网友 温暖］今天是正月十四，按照传统习俗，正月十五前都算过年。总理，今天我们在这给您拜年！春节是中国最热闹的传统佳节，是阖家团聚的时刻。可是每逢春节，我们都会看到总理您奔波在各地，和咱们老百姓在一起，请问总理，您有多少个春节没有在自己家里过节了？［02—27 15：06］

温家宝：如果从 2003 年算起，我已经 8 个春节没有在家里和家人一起过年了。我觉得和群众在一起不仅高兴，而且心里感到踏实。就拿今年来讲，我到广西旱区，在那里一边和群众过年，一边了解旱情。当我知道群众每天只有 20 公斤的用水，其中还包括饲养的牲畜用水，我心里很沉重。［02—27 15：06］

温家宝：但是群众对政府却很理解，他们对未来还是充满希望，我愿意和大家在一起。[02—27 15：06]

主持人：感谢总理心系百姓疾苦。总理，刚过完年，很多企业都开工了，但是有一些地区，特别是沿海地区出现了缺工的现象。[02—27 15：07]

[网友 白云飘飘] 都知道今年的就业形势依然严峻，但新闻报道说，沿海地区出现了严重缺工现象，闹起了“用工荒”。这边就业难，那边却招不上工，这到底是怎么回事？[02—27 15：07]

温家宝：我注意到这条信息，对出现的部分地区缺工现象，我还没作深入的调查，但是可能是由以下几种情况引起的。[02—27 15：08]

温家宝：第一是我们整个经济回升向好，企业生产状况明显改善，订单增多，因此需要更多的用工。第二就是企业用工和待业人员找工常常在专业上不相吻合。有些企业需要高水平的技工，但是这是目前我们普遍所缺乏的。[02—27 15：09]

温家宝：第三，这些年来，工人自身维护自己的利益也更加自觉了，他们即使是普通工种，也在为最低工资而挑选。[02—27 15：10]

温家宝：我以为这种现象在一定意义上表现出我们经济企稳向好的态势，但是从总体上并没有改变就业形势严峻的状况。[02—27 15：10]

温家宝：因为大家知道，每年外出打工的农民工就多达1亿5000万人，城市待业人员多达2400万人，其中今年的大学毕业生是历年最多的，要达到630万人，所有这些都给我们的就业形成很大的压力。[02—27 15：11]

温家宝：我还注意到一个报道，就是今年农民出来打工的比往年减少6%。当然，如果由于农村经济形势好，生活条件有所改善，这种现象也是我们盼望的。我常讲两句话：既要让符合条件的农民工融入城市，也要让生活在农村的广大农民更加幸福。[02—27 15：11]

温家宝：我希望我们的就业形势能够比去年更好。[02—27 15：12]

主持人：听了总理的话，我想我们所有的网友都更加有信心了。总理，您刚才提到大学毕业生现在有630万人。[02—27 15：12]

[网友 铃儿响叮当] 总理，您好，我是一名2009年毕业的大学生。父母是农民工，一直靠省吃俭用供我上学，希望我毕业后能找到一个好工作。可我现在还四处奔波找工

2009年9月11日至12日，中共中央政治局常委、国务院总理温家宝在辽宁省大连市考察工作。这是9月11日，温家宝在大连市高校毕业生就业服务中心的一楼服务大厅里与前来求职的大学毕业生亲切交谈。（新华社记者姚大伟摄）

作。总理啊，我该怎么办啊？[02—27 15：13]

温家宝：我们十分关注大学生的就业问题。大家知道，这些年我们大学生增长很快，大学的升学率已经达到23%。我们一年安排的新就业职工最多也就是1100—1200万，通常在900万，而大学生就占到600多万。[02—27 15：13]

温家宝：所以妥善安排大学生就业是摆在我们面前的一项十分重要的任务。我们号召大学生到中西部地区，到边疆

地区，到农村去。但这里我还想强调，我们要尽可能地让他们学有所用。[02—27 15：14]

温家宝：我们特别希望大学生能够自主创业，我们给大学生就业制定了许多优惠政策。譬如说，个体经营的，金融部门要给大学生5万元的贷款，这种贷款还是小额担保贷款。如果是合伙经营的，贷款数量还要增加。[02—27 15：15]

温家宝：对于小型微利企业，我们还要按照规定给予贴息贷款。对于需要培训以后再进行就业的，国家还要补贴培训费用。[02—27 15：15]

温家宝：所有这些就是希望大学毕业生们能很快有个职业。我常讲，一个人能有工作，不仅解决生存问题，也能体现一个人的尊严。大学生是有知识的劳动者，政府始终把大学生就业摆在重要位置。[02—27 15：16]

[网友 憧憬] 您今年在新春团拜会上提到，“要让人民生活得更加幸福、更有尊严”。您觉得如何能让百姓活得“更有尊严”？[02—27 15：16]

温家宝：新春团拜会我的讲话只有800个字，但是这两个字却引起全国人民的关注，我看到各种各样的评论。[02—27 15：17]

温家宝：我提出“要让老百姓活得更有尊严”，主要指三个方面：第一，就是每个公民在宪法和法律规定的范围内，都享有宪法和法律赋予的自由和权利，国家要保护每个人的自由和人权。[02—27 15：18]

温家宝：无论是什么人在法律面前，都享有平等。第二，国家发展的最终目的是为了满足人民群众日益增长的物质文化需求，除此之外，没有其他。第三，整个社会的全面发展必须以每个人的发展为前提，因此，我们要给人的自由和全面发展创造有利的条件，让他们的聪明才智竞相迸发。这就是我讲的尊严的含义。[02—27 15：19]

主持人：谢谢总理。刚才前面几个问题是我来帮您挑的。总理，请您现在挑一个问题。[02—27 15：19]

温家宝：我说一下一位叫“七星河”的网友提出的问题。[02—27 15：20]

[网友 七星河] 总理，您说过，战胜金融危机“信心比黄金和货币更重要”。一年多过去了，新闻上说，中国经济正处在企稳回升的关键阶段。请您谈谈，在这个过程中信心起了什么作用？下一步中国经济走势会是怎么样的？[02—27 15：20]

温家宝：在 2008 年，国际金融危机蔓延，我们经济处

在最困难的时期，我曾提出过“信心比黄金和货币更重要”。[02—27 15：21]

温家宝：一年多过去了，我们是靠信心增添了勇气和力量，我们是靠信心很快确定了正确的应对方针，那就是出手要快、出拳要重、措施要准、工作要实。[02—27 15：21]

温家宝：我们制订了应对金融危机的一揽子计划，对于一揽子计划并不是所有人都清楚，我们也是在实践的过程中逐步加以完善的。[02—27 15：22]

温家宝：它其实包含四个相互关联的方面：第一，大规模增加政府投资和实行结构性减税。第二，大范围实施调整振兴产业规划。第三，大力推进自主创新，加强科技支撑。第四，大幅度提高社会保障水平。[02—27 15：22]

温家宝：这四者既涉及经济，又涉及社会；既涉及发展，又涉及生活。现在看来，我们采取的一揽子计划是正确的，中国的经济率先企稳回升。[02—27 15：23]

温家宝：我说在这当中，信心起了关键作用。因为在一定意义上讲，这场危机是信心危机、信用危机。下一步中国的经济走势怎样？如果说过去的一年是进入新世纪以来经济最为困难的一年，那么今年将是中国经济最为复杂的一年。[02—27 15：24]

2009 年 1 月 9 日至 11 日，中共中央政治局常委、国务院总理温家宝到江苏省考察工作。这是 1 月 9 日，温家宝在阳光股份有限公司查看布料的质量，鼓励企业开拓市场，走向世界。(新华社记者李学仁摄)

温家宝：我们会巩固企稳回升的向好形势，并且应对新的挑战，最重要的是处理经济平稳较快发展，结构调整、转变发展方式和管理好通胀预期三者之间的关系。我对中国经济的发展抱有信心。[02—27 15：24]

主持人：谢谢总理。现在网上的网友给您的回馈很多，我帮您来念一条。[02—27 15：25]

[网友 与时俱进] 这次您还是穿着夹克，没有带任何的

书籍，还是和上次一样，您带着一颗真诚的心来和我们网友交流，我们特别感动。今天我们也要用心和您交流。[02—27 15：25]

[网友 团圆] 总理，为了网友元宵节的团聚，您特意选在今天来访谈，总理，您真是贴心啊，如此为我们的网民着想，深深的感动中，再次祝总理元宵节快乐，阖家幸福。[02—27 15：25]

主持人：总理，您再选一条。[02—27 15：27]

[网友 我们同行] 您说过，我们要通过发展，做大社会财富这个“蛋糕”，也要把“蛋糕”分好，让人民共享改革发展的成果。社会财富“蛋糕”论引起广泛关注。社会财富这块“蛋糕”如何做大，如何分好？请总理谈谈。[02—27 15：27]

温家宝：好，那我就选这个，网友“我们同行”。[02—27 15：27]

温家宝：社会财富的这块“蛋糕”要做大，就必须坚持以经济建设为中心，集中力量发展生产力。而且在当前，特别要注重转变发展方式，使我们经济的发展真正转移到依靠科技进步和劳动者的素质提高上来。[02—27 15：27]

温家宝：社会财富这个“蛋糕”分好，关系到社会的公

平正义。我觉得这个问题实际上涉及国民收入分配，现在国民收入分配当中，居民收入的比重比较低。[02—27 15：28]

温家宝：因此，我们要注重提高居民收入在国民收入中的比重，提高个人工资收入在初次分配中的比重。在二次分配当中，我们应该更加注重公平，也就是说，通过财政和税收，更加照顾困难群体。[02—27 15：28]

温家宝：因为从整个社会来讲，中低收入的占大多数。我们国家困难群体大约有一个亿，这些都是我们应该关注的。[02—27 15：29]

温家宝：我常讲这样一段话：一个社会当财富集中在少数人手里，那么注定它是不公平的，这个社会也是不稳定的。[02—27 15：29]

温家宝：这两项工作我用过一个形象的比喻，如果说把做大社会财富这个“蛋糕”看做是政府的责任，那么，分好社会财富这个“蛋糕”，那就是政府的良知。[02—27 15：30]

温家宝：我们谈一个轻松一点的题目。[02—27 15：30]

［网友 黄金屋］温总理，每次回答记者问题，您都对中

国的古诗文信手拈来，用得恰到好处。现在不少年轻人都觉得这方面不足，请您给我们讲讲怎么读好书的？［02—27 15：31］

温家宝：其实我很愿意谈谈读书的心得。我有三点体会：第一，要处理好读书与人生的关系。书籍本身不可能改变世界，但是读书可以改变人生，人可以改变世界。读书关系到一个人的思想境界和修养，关系到一个民族的素质，关系到一个国家的兴旺发达。一个不读书的人是没有前途的，一个不读书的民族也是没有前途的。［02—27 15：32］

温家宝：第二，读书要选择。如果你到国家图书馆转一圈，可以看到浩如烟海的书，恐怕每个人倾一生的时间都不可能把这些书读完。从另一个角度来说，这些书当中值得每个人读的也并不一定那么多。因此，要选择好书。如果选择一本不好的书，就等于浪费了读一本好书的时间。［02—27 15：33］

温家宝：也许大家问我，什么叫好书？我说，好书是那些能够给人以感染和力量的书，让人了解大学问家的思想和风范的书，特别是那些震撼人的灵魂的书，激发人的斗志的书。［02—27 15：34］

温家宝：其实历史上，经过几百年上千年的淘汰，留下

4月23日是“世界读书日”，中共中央政治局常委、国务院总理温家宝来到商务印书馆和国家图书馆，与编辑和读者交流读书心得。这是温家宝在国家图书馆欣赏馆藏珍品。（新华社记者李学仁摄）

来的书是不多的。这些书带有永久性，因为它们经过多次淘汰而依然能够震撼人心。[02—27 15：34]

温家宝：第三，我曾经提倡读书好、读好书、好读书。我又提倡读书活、活读书、读活书。其实前者讲的是学习，后者讲的是实践。[02—27 15：35]

温家宝：记得上次访谈，我曾经提出，如果我们这个国家在城市、在地铁上能够看到青年都拿着一本书，我就感到风气为之一新。后来有的人跟我开玩笑说，说你不知道，我们有的地方地铁挤得要命。但是确实有的地方地铁里一些青年人开始拿起了书，这是个现象，其实本质是让人们挤出时间来读书。[02—27 15：36]

主持人：您看，我们也有网友想让您帮我们推荐几本书。[02—27 15：37]

[网友 右手光阴] 总理，您帮我们推荐几本好书吧。[02—27 15：37]

温家宝：这个书的推荐是比较难的（笑）。我方才讲，每个人的职业不同、爱好不同、需要不同，应该根据自己的情况来学会选择书。我们可以将来有机会，来交流一下读书心得。[02—27 15：37]

主持人：总理，我现在向您汇报一下，我们现在的在线交流已经过去半个多小时了，网友的留言也越来越多，各界人士都在网上提问，想和总理谈心。新华网的论坛编辑告诉我，现在帖子超过 19 万，网上对您的提问也是好评如潮。我给您念一条：总理，您说您已经不再属于自己，我想对您大声说，您属于我们所有老百姓，总理您始终把老百姓的事装在心里，所以您也时刻在我们老百姓的心里。[02—27 15：38]

温家宝：我知道新华社在我访谈以前告诉我，大家关注最多的还是房子，我方才就看到一条。你读一下，这三条都是。[02—27 15：38]

主持人：网友“芝麻与西瓜”很着急，他说去年他的问题就没有被提上。您看，我们满足一下他的愿望吧。[02—27 15：39]

[网友 芝麻与西瓜] 房价成了2009年最牵动人心的话题之一，尽管中央采取了一系列抑制房价上涨过快的措施，但房价仍然涨得有些离谱。您觉得2010年高房价的问题会缓解吗？中国的房地产市场到底应该怎么调控？[02—27 15：40]

温家宝：群众的心情我非常理解。我也知道所谓“蜗居”的滋味。因为我从小学到离开家的时候，全家5口人只有9平方米的住房。当然，时代不同了，我们应当按现在的条件来改善群众的住房。其实，如果说改革开放30年来，城乡居民的住房都有相当的改善，大概是城镇人均住房面积增长了5倍，农村人均住房面积增长了3倍。[02—27 15：40]

温家宝：但是由于我们国家人口多，土地面积又少，所以住房成了人们生活当中的一个困难问题。应对金融危机以后，房地产市场有了很大的发展。但是与此同时，一部分城

市房价上涨过快，造成群众的不满。为此，中央曾两度采取了 4 条和 11 条措施。[02—27 15：41]

温家宝：概括起来是四个方面：第一，增加保障性用房。我们原来制订了一个规划，从 2009 年到 2011 年，用三年的时间想把保障性用房建成 750 万套。现在看来，我们能够超额完成这个任务。2009 年，我们已经完成了 200 万套。今年我们将完成 300 多万套。[02—27 15：43]

温家宝：与此同时，我们还要加快建设廉租房和普通租赁房。因为大家知道，住有其居，并不一定都能做到住有其屋，我们这个屋是指自己的房屋。因此，还有相当一部分人要住公用的租赁房，还有相当一部分低收入者，包括农民工要租用廉租房。[02—27 15：44]

温家宝：我们还要对棚户区进行改造。去年棚户区改造大约完成了 130 万套，今年棚户区改造我们要完成 200 万套。我可以跟大家讲一些实例。过去我在大同云冈石窟，隔河向远处山上望去，一片棚户区，矿工有的几代人就住在那低矮的、破旧的房子里。[02—27 15：45]

温家宝：但是去年我到大同的时候，他们已经建成了 500 万平方米的新房。可以说，居民楼林立了，人民的生活条件、居住条件发生了很大的变化。我知道，在矿区、矿区发展的城市、林区、垦区，还有相当多的人居住在棚户区，有的房子还是抗战时期的房子。所有这些都是政府的责任，也就是说我们这次解决房屋问题，首先要增加供给。[02—27 15：47]

温家宝：第二，我们要鼓励和支持人们购买自住房和改善性用房。在这里我要特别强调，由于我们的国情，我们把重点应该放在低价位和小套型。现在有些大城市已经成片地建设了这样的房子供给群众选用，当然这主要靠市场，但政府的责任主要是在土地以及金融和财税上给予支持。[02—27 15：47]

温家宝：第三，要抑制投机性和投资性的住房，主要是采取经济和法律手段。[02—27 15：48]

温家宝：第四，要管好市场。政府有责任管好房地产市场，就是依法对那些圈地不用、捂盘惜售、哄抬房价的违法违规行为进行惩处。大家也许问，这些措施管用吗？正像网友“风海”所提到的，今年楼市频出重拳，但是我还担心拉不住这匹脱缰的野马。[02—27 15：48]

温家宝：我觉得他说得有一定道理，从供需平衡的角度，从市场来满足群众多样化的角度，从运用法律和经济的手段管理市场的角度，都需要花费一定的精力和一定的时间。但是我有决心，本届政府任期内能把这件事情管好，使房地产市场健康发展，使房价能够保持在一个合理的价位。[02—27 15：50]

主持人： 听了总理的话，我们更有信心了。总理，您再选一个问题。[02—27 15：50]

温家宝： 我们照顾一下农民吧。[02—27 15：50]

[网友 农家女儿] 今年中央一号文件提出要着力解决新生代农民工的问题。请问总理，国家将出台哪些措施来应对新生代农民工的问题？[02—27 15：50]

温家宝： 作为新生代的农民工，主要是指1980年以后出生的，或者说是老农民工的第二代。[02—27 15：51]

温家宝： 我先讲一下，我多年在心里积累的一种看法。有人说，农民工可以改一个称呼了，其实这只是一个现象，其实质——现代产业工人队伍的主体，已经是农民工。[02—27 15：51]

温家宝： 大家可以看，从采矿、钢铁，到纺织，到运输，到城市的清洁工甚至到若干服务岗位上的农民工，他们已经成为工人的主体了。我们城市建设的高楼大厦，我们城市能够正常运转，人们生活能够安心，是同他们的努力分不开的。[02—27 15：52]

温家宝： 这里提到新生代农民工的问题，我觉得他们比老一代的农民工还有一些特殊的困难。[02—27 15：52]

温家宝： 主要是：第一，他们许多生在城市，在农村没有土地，也就是说没有生产资料；第二，他们长期在城市生活，对农业生产也不熟悉；[02—27 15：53]

温家宝： 第三，他们许多人没有解决户籍问题，因此，他们的恋爱、结婚，以至将来子女上学等一系列问题都需要妥善加以解决。[02—27 15：53]

温家宝： 我觉得对新生代农民工要给予高度的重视，因为他们逐渐地要代替老一代农民工。[02—27 15：53]

温家宝： 如果说最重要的问题就是推进户籍制度改革，让那些长期在城市生活和工作，并具备一定条件的农民工融入城市。[02—27 15：54]

温家宝： 当然，我希望他们多到中小城市和中心镇，享有同城里人一样的福利待遇、生活条件，这是最根本的。谢谢。[02—27 15：54]

主持人： 总理，现在网上的网友对您的回馈特别多。网友“云飞扬”：我们所做的一切都是为了让人民生活得更加幸福、更有尊严。您的话如同冬日里的阳光温暖了所有华夏儿女的心。新的一年新的开始，总理，让我们携手努力把希

望变成现实。刚才编辑告诉我说，去年有一位网友就想问您一个问题，但是没有提问到。[02—27 15：56]

[网友 问题与主义] 总理您好！物价这几年都在“缓涨”，不少商品都联动涨价。虽然价格都在能承受的范围，但是这种趋势还是让人有些焦虑。总理，请问您注意到这个问题了吗？[02—27 15：56]

温家宝：我注意到了。我从几十年的政治生涯中懂得两个问题可以危及社会的稳定以至政权的巩固，一个是贪污腐败问题，一个是物价问题。我是从这样高度来看待物价问题的。因为我们大多数群众生活的水平还比较低，价格的上涨，特别是日用生活品的上涨，对他们影响很大。[02—27 15：57]

温家宝：我曾经跟大家讲过，我每天要看价格表，甚至细到今天的粳米一斤多少钱、籼米一斤多少钱，面粉一斤多少钱，猪肉、牛肉、蔬菜，我一一都要看。我知道价格连着人们的生活。[02—27 15：57]

温家宝：今年之所以提出把管好通胀预期作为一项重要任务，就是要防止在经济发展的过程中价格上涨过快，这样我们就给经济的发展、结构的调整创造一个有利的环境。[02—27 15：58]

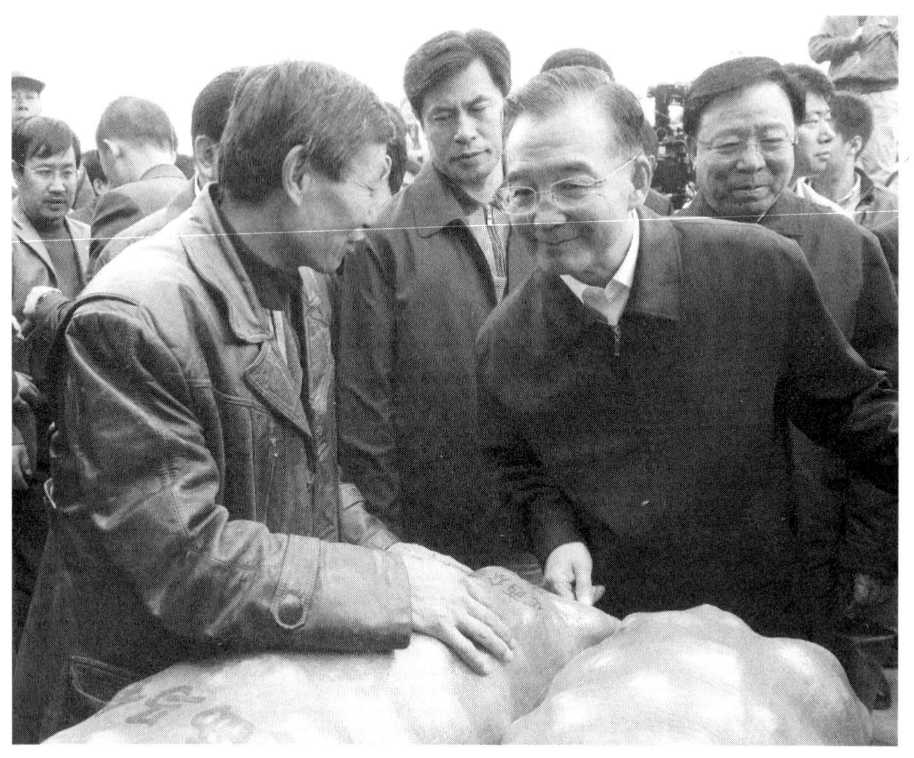

2009 年 10 月 17 日至 18 日，中共中央政治局常委、国务院总理温家宝来到甘肃定西、兰州等地，走访农户，考察市场、企业、研究所，就扶贫开发、生态建设、改善民生情况进行调查研究。这是 10 月 17 日，温家宝在定西马铃薯综合交易中心考察。(新华社记者李学仁摄)

温家宝：我觉得解决价格问题，在中国最重要的是管好两条：第一，是要使货币发行适度。在当前我们还要实行适度宽松的货币政策，也就是说“适度宽松”，一方面保持经济的平稳较快发展，一方面能够管理通胀预期。［02－27 15：59］

温家宝：第二，要保证农业的丰收。我们农业已经连续6年增产，连续3年超过1万亿斤。但是中国的耕地50%还是靠天吃饭，雨雪多了不行，少了也不行，这两天西南就处在大旱当中。我想这两个方面我们都不可以有任何的松懈。我相信，我们既能保持经济平稳较快发展，同时又能够把物价控制在合理的水平。[02—27 15：59]

主持人：总理，我们今天的访谈预告发出去之后，不但海内外网友提问非常踊跃，也吸引了我们手机报的读者和手机网友的关注。截止到目前，来自新华网手机报、手机网站和飞信手机用户的提问达到7万多条。[02—27 16：00]

主持人：总理，我让您看一下。（给总理打开手机短信页面）[02—27 16：00]

温家宝：我看到了。[02—27 16：00]

主持人：我给您念一下。新华网和中国移动手机报用户，手机尾号8128：公款吃喝、公车私用等现象为什么管不住？治理“三公”消费真的那么难吗？[02—27 16：00]

温家宝：应该管得住，必须管得住。其实，我们能够做到，最根本的是两条，第一条就是公开透明，就要让任何一项行政性支出都进入预算，而且公开让群众知道，接受群众监督。[02—27 16：01]

2009 年 3 月 24 日，国务院召开第二次廉政工作会议，中共中央政治局常委、国务院总理温家宝在会上发表讲话。（新华社记者黄敬文摄）

温家宝： 第二条就是民主监督。我曾经引用过在新中国成立前毛泽东主席和黄炎培先生说过的一段话解决“其兴也勃焉，其亡也忽焉”的周期律问题，最重要的是民主，只有民主才不会出现人亡政息。他提的是公款吃喝、公车私用、公费出国，其实也关系到整个反腐败。［02—27 16：02］

［手机尾号 0136］温总理，我是一名安徽的高中学生，我希望国家能对教育体制进行更合理的改革。我们现在每天都有很繁重的作业，只能够睡 5 到 6 个小时，连节假日也要

上课。高考中要求我们提高素质，但是我们怎么才能全面发展呢？[02—27 16：03]

温家宝：这位高中学生提的问题涉及我们教育制度的改革。大家知道，我们已经制订了中长期的教育改革和发展规划。第二稿，实际上不是第二稿，我说的是第二次公开征求意见就在明天。大家可能十分关注我们整个教育改革当中的问题，其中最重要的一条就是要减轻学生过重的课业负担，启发他们的智力和能力，让他们学会动脑、动手，学会做人，使他们有坚强的意志和强健的体魄，这个都反映在我们规划纲要当中，一会儿我还要就教育问题深入谈一点意见。[02—27 16：04]

主持人：刚才我的编辑告诉我说，您的一位小同桌给您发来一个帖子，我给您来看一看。[02—27 16：05]

温家宝：三十五中的。[02—27 16：05]

[网友 常子宜] 温爷爷您好，我是您在三十五中听课时的“同桌”常子宜。我听您的话，现在上课敢举手发言了，同学们现在学习都很努力。今天我在新华网上又看到了您，我特别高兴。您一定要保重身体，我盼着什么时候再和您坐在一起听课。[02—27 16：05]

温家宝：是的。去年我在三十五中初中班一连听了 5 节

2010年1月11日至2月6日，中共中央政治局常委、国务院总理温家宝在北京中南海先后主持召开五次座谈会，就正在制订的《国家中长期教育改革和发展规划纲要》听取社会各界人士的意见和建议。这是1月11日，温家宝主持召开高等教育改革与发展座谈会。（新华社记者黄敬文摄）

课，用了整整一个上午。我和孩子们一样，但是有网上的人问我，说你是以学生的身份，还是教师的身份，还是总理的身份在听课？[02—27 16：06]

温家宝： 我说，我在听课时全神贯注，既像个学生，也像个老师。但是如果你看我的听课笔记，密密麻麻记了好几页。[02—27 16：06]

温家宝： 我当时记的就是老师讲的有什么问题，正确的讲法应该是什么样的，学生听课有什么问题，正确的思维锻炼应该是什么样的。所以我下午作的一篇点评，完全是我这篇笔记。[02—27 16：07]

温家宝：我非常想这些孩子们。和他们一起听课，我就想到我们整个教育事业，因为国家的未来寄予孩子们的身上。只有一流的教育才能培养一流的人才，建设一流的国家。[02—27 16：07]

温家宝：我们现在的教育确实存在许多问题：一是教育行政化的倾向需要改变，最好大学不要设立行政级别。[02—27 16：08]

温家宝：二是让教育家办学，我这里所说的教育家，他们可能不是某些专业的专门家，但是他们第一热爱教育，第二懂得教育，第三要站在教育的第一线，不是一时而是终生。[02—27 16：09]

温家宝：如果两三年一换，那么哪一所学校都不可能办好。[02—27 16：09]

温家宝：网友“香锦”也提到，最近我去送别实验二小的老校长霍懋征老师，我对她特别尊重，因为她曾经给我写过信，她提过一条重要的建议，就是要提倡大学毕业生教小学。[02—27 16：10]

温家宝：或者是小学教师要是大学毕业生，因为她本人就是师范大学1943年的毕业生。她在几十年的教育生涯中，有各种升迁的机会，比如教育部曾经调过她，教育出版社曾经调过她，但是她都没离开她那所小学。[02—27 16：10]

温家宝：而且到80岁的时候还上讲台做示范教学。她最让我感动的一句话就是“没有爱心就没有教育，没有学不好的学生，只有教不好的教师”。她是把爱整个倾注在教育一线的。[02—27 16：11]

温家宝：我之所以为她送别是想告诉大家，一个普通的小学老师，也应该得到社会的尊重，只有这样，我们的国家才有希望。[02—27 16：11]

主持人：这位“香锦”网友还说，知道您也是出身教育世家，您对教师是不是也有种特殊的感情？[02—27 16：11]

温家宝：是的，我前两天也翻起我的祖父在乡村办乡学的经历。他是第一个在农村办女子小学的，在那个时期，要受到很大的压力，但是他坚持办下来。[02—27 16：12]

温家宝：我记得他跟我们经常讲，作为一个小学校长，当时最重要的是两项任务：第一是筹款，第二是请教师。[02—27 16：12]

温家宝：因此，他请了许多大学毕业生，甚至高材生在小学任教，他那所小学培养了许多人才。他的校训很简单，就是四个字“勤劳朴实”。[02—27 16：13]

温家宝：每周他都要在周会上给孩子们讲人生、讲学习。[02—27 16：13]

温家宝：我确实对教师很有感情。我认为学校要办好，还要解决一个问题，就是学校必须以教育为中心，培养德智体全面发展的合格人才。[02—27 16：13]

主持人：总理，您在去年的访谈当中提到您母亲的身体，我们很多网友也非常关心，我给您看一下。网友“两江才子”说：总理，先给您拜年了。去年您来访谈的时候，谈到您母亲对您的培养和教育，谈到她老人家生病了，我们都非常牵挂，现在她老人家身体怎么样了？也祝她身体健康。[02—27 16：14]

温家宝：我去年所以在在线访谈提起我的母亲，是欲言又止。因为我去年在剑桥访问期间，发生了一段不愉快的事情，我的母亲就是在那天看电视而出现脑溢血的。[02—27 16：15]

温家宝：现在她行走不便，视觉面狭窄，只能看一个很小的空间。[02—27 16：15]

温家宝：母亲对我的教育，我是永远忘记不了的。因为我出生在1942年，恰恰是在抗战时期，我在她的身边知道了战争的苦难，知道了生活的困难，从而懂得一个人要如何献身给国家。感谢网友们对我母亲的关心，我一定向她转达。[02—27 16：16]

主持人：我们也由衷地祝愿这位伟大的母亲身体健康。[02—27 16：17]

温家宝：谢谢。[02—27 16：17]

主持人：总理，我们刚才回答的是国内方面的问题，接下来我们看看国际方面的问题。[02—27 16：18]

[网友 一亩三分地] 最近，美国不断制造中美贸易摩擦，我感觉2010年对中美经贸关系来说不会是一个太平年。请问总理如何看中美贸易摩擦？[02—27 16：18]

温家宝：其实我在回答这个问题的时候，许多美国人都在听。如果回忆一下，从中美建交到现在，中美贸易的发展是非常迅速的。建交时期双边贸易额只有25亿美元，现在已经达到3000亿到4000亿美元了。美国在中国的企业多达3万多家，投资650亿美元。[02—27 16：18]

温家宝：我曾经说过，一个良好的中美关系，对两国有利，对两国人民有利。中美贸易关系是中美关系的一个重要

组成部分，中美经贸关系的发展，从根本上有利于两国人民。[02—27 16：18]

温家宝：我们主张三点：第一，一国贸易的发展，同时要照顾另一个国家的关切，这就是我们通常说的要互利互惠。[02—27 16：19]

温家宝：最近，确实发生了从轮胎的特保案到对无缝钢管的反倾销、反补贴案。[02—27 16：20]

温家宝：我们认为两国的贸易摩擦应该通过平等协商来解决，不要动辄施以制裁。这样做的结果会伤害两国，合则两利，斗则俱伤，也可以用在贸易上。[02—27 16：20]

温家宝：第二，中国确实存在着贸易顺差，但是，我们不追求贸易顺差。我们希望中美贸易是一个平衡的、可持续发展的贸易。我们的目标是国际收支的基本平衡。[02—27 16：21]

温家宝：因此，我们希望双方都要互相开放市场，特别是美国要承认中国的市场经济地位，开放高技术产品对中国的出口。[02—27 16：22]

温家宝：我曾经在美国演说的时候讲过一句笑话，我说现在美国对中国出口的一个是大豆，一个是飞机。其实，美国有些高技术产品放松出口限制的话，双边的贸易顺差就会缩小。

我说不能总让中国人坐着飞机吃大豆。[02—27 16：22]

温家宝：第三，我想利用这个机会，郑重地向国际社会来说明，中国将坚持对外开放的方针。对外国在中国经营的企业，可以依照中国的法律享受国民待遇，我们会给这些企业创造良好的条件。[02—27 16：23]

温家宝：我们希望中美贸易摩擦能够得到缓解，我们也不希望今年成为一个中美经贸关系的不太平年。这就需要双方共同努力。[02—27 16：23]

主持人：总理，导播告诉我，现在有网友发来的最新的帖子，我们来看一下。[02—27 16：24]

［网友 海底之针］我曾经读您写的诗《仰望星空》，还读过一些您写的青年励志的。如今一些青年对生活没有乐观精神，但是您的话总能给年轻人带来信心和希望，您能不能给年轻人讲几句话，让我们在人生道路上走得更加有信心。[02—27 16：25]

温家宝：其实要对青年人讲的话很多。我觉得青年人身上肩负着建设祖国的重任，这就需要努力学习，特别是要有严谨的学风和诚实的态度。不图虚名，不度虚生，唯以求真的精神做踏实的工夫。我这里想举一两个例子和青年们讲，这些例子我有时想起来心里感到特别震撼。[02—27 16：26]

温家宝：一个年轻人要勇于创造，但这必须下艰苦卓绝的工夫。如果不下艰苦卓绝的工夫，就不会有坚实的基础。[02—27 16：26]

温家宝：我曾经看过朱光潜老先生举过一个例子，他讲法国著名的作家福楼拜，他和莫泊桑是老朋友。莫泊桑的小说写得很好，我们都读过，特别是短篇。福楼拜是个治学严谨的人，有人说他三个月写一句话。有一次，莫泊桑把自己认为一篇很好的作品拿给敬仰的老师去看，福楼拜看了之后就对莫泊桑说，这篇作品只有付之一炬。他的要求是严格的。[02—27 16：29]

温家宝：这又使我想起果戈理。大家知道他有一部《死魂灵》，第二部他写了 10 年，但是到他临终的时候，他仍然不满意，在离开人世的时候，把这本书扔到了火里。我们确实需要一些仰望星空的人，心里装着整个国家和世界，同时又需要一些脚踏实地的人，踏踏实实地去下苦工夫。[02—27 16：29]

温家宝：在一定意义上讲，一个国家的强大和信誉不仅仅表现在经济的实力，还应该表现在民族的素质和道德的力量，而且我以为后者比前者更为重要、更为长远。青年们要懂得这样一些道理。[02—27 16：30]

主持人：我代表所有的年轻人谢谢总理。总理，我现在向您汇报一下，我们现在的在线交流已经过去一个半小时了，网上留言达到了28万条。海内外华侨华人对这次的访谈交流也非常关注，他们纷纷向总理提问、问好。总理，接下来我们回答一个台湾同胞的问题好吗？[02—27 16：30]

[网友 鲁云平] 作为在大陆经商的一个台商，我想问总理，今年的两岸经济合作将有哪些具体互惠措施？[02—27 16：31]

温家宝：他的原话里说现在两岸MOU已经签了。他说的MOU是指的金融监管协定。他又讲的ECFA就是两岸经济合作框架协议，其实作为在大陆经商的台湾人最关心这个协议。[02—27 16：33]

温家宝：2008年，两岸的贸易往来，超过了1200亿，其中台湾的顺差770亿；2009年，虽然遇到金融危机的影响，但是两岸的贸易还是超过了1000亿，台湾的顺差达到650亿。台湾现在在大陆投资的厂家超过了8万家，总投资达到500亿。因此，适时地推进两岸经济合作框架协议是符合两岸人民利益的。[02—27 16：33]

温家宝：大家都知道，两岸已经进入了一个和平发展的新时期，我们需要建立一个综合性的、具有两岸特点的经济

2009年4月18日，中共中央政治局常委、国务院总理温家宝在海南博鳌会见前来出席博鳌亚洲论坛2009年年会的台湾两岸共同市场基金会最高顾问钱复。（新华社记者黄敬文摄）

合作的框架协议。为了做好这项工作，需要把握好三个问题：第一，平等协商；第二，互惠互利；第三，要照顾对方的关切。[02—27 16：34]

温家宝：我们充分考虑到两岸经济规模和市场条件的不同，充分照顾台湾中小企业和广大基层民众的利益，特别是广大农民的利益。在这些方面，我们可以做到让利，其实道

理很简单，因为台湾同胞是我们的兄弟。[02—27 16：34]

[网友 君子如兰] 假冒伪劣产品总是堵不住，最近奶粉又出问题了。总理，您曾说企业家身上应该流淌着道德的血液，可是急功近利、见利忘义的企业家还是不少。[02—27 16：35]

温家宝：是的。我在金融危机开始的时候就讲到，一些国家的一些企业见利忘义，为了自身的利益而损害整体利益，企业家的身上应该流淌着道德的血液。[02—27 16：35]

温家宝：对于我们的企业来讲，对于整个社会来讲，道德问题十分重要。我以为诚信和道德是现代社会应该解决的紧迫问题。[02—27 16：35]

温家宝：什么是道德？其实最重要的：第一是爱人。仁者人也，仁者爱人。每个企业家或者社会的每个成员都要知道热爱群众、热爱国家。[02—27 16：37]

温家宝：第二，要有同情心。己所不欲，勿施于人。同情是道德的基础，这在儒家哲学里头很明确地讲过。孟子说过，人无恻隐之心，非人也。他把恻隐之心作为人之端。我们的企业如果只考虑自己的利益，甚至见利忘义，把自己挣的钱建立在别人的痛苦甚至生命上，那是可悲的，也是法律

不允许的。[02—27 16：37]

温家宝：一个三鹿奶粉，我们付出了很大的代价。网民们大概不知道，我们普查了受到奶粉影响的儿童达到3000万，国家花了20亿。同时，给受到奶粉影响的儿童上了保险，为期20年。这个教训应该说是很深刻的，不是一个企业，也不是一个地方，是我们整个民族应该汲取的。现在如果再出现假冒伪劣产品，我们一定严惩不贷。这是从维护民族大义出发，决不能手软。[02—27 16：39]

主持人：总理，您再来挑一个问题吧。[02—27 16：39]

温家宝：世博会的吧。[02—27 16：40]

[网友 常来常往] 北京奥运会让世界看到了一个异彩纷呈的中国。我们相信，上海世博会将是探寻人类城市生活的盛会，是一个创新融合为主旋律的交响乐，将会成为人类文明的一次精彩对话。想问温总理，上海世博会能给世界带来什么？对中国的经济发展将起到什么样的积极作用？[02—27 16：40]

温家宝：世博会开始于1851年，到现在超过一个半世纪了。世博会应该是人类文明交流的舞台，它也展示了人类文明的成果，从电灯、电话、蒸汽机、汽车、火车、飞机到

航天器。[02—27 16：40]

温家宝：它更是一个人们交流心灵的舞台。大家可能记得我讲过这样一个故事，这就是美国著名的盲人作家海伦·凯勒，她是在1893年，用手触摸着参观了在芝加哥举办的世博会。[02—27 16：42]

温家宝：然后她在她最著名的《假如给我三天光明》这篇著作中写到：我会把第三天留给博物馆，因为在那里，会有世界的光明，会看到世界的未来和希望。[02—27 16：42]

温家宝：其实，中国人向往世博会，特别是希望举办世博会，已经也有一百多年的时间了。到现在为止，我们参加了12次世博会，但是举办世博会这还是第一次。[02—27 16：43]

温家宝：我们确实把这件事情当做一件大事来办，因为这给了我们一个机会，就是让世界了解中国，也让中国了解世界。[02—27 16：43]

温家宝：我们会通过举办上海世博会，展示现代世界的文明成果，并且增强中国同各国人民之间的友谊和友好合作。谢谢。[02—27 16：43]

主持人：总理，导播告诉我说，我们有位网友想让您回

2009 年 11 月 12 日，第七届上海世博国际论坛在北京开幕，中共中央政治局常委、国务院总理温家宝在开幕式上致辞。（新华社记者张铎摄）

答一下有关医疗方面的问题。[02—27 16：43]

[网友 三里屯] 温总理，您好！政府对医疗制度已进行多次改革，但看病贵的问题仍然没有彻底解决。政府在这方面会继续加大改革力度吗？[02—27 16：44]

温家宝： 医疗制度的改革是政府的一项重要任务。虽然它是一项世界性的难题，但是我们迎难而上，毫不退缩。网友说，现在看病贵的问题仍然没有彻底解决，是事实。[02—27 16：44]

温家宝： 我们的医改是从五个方面着手的，其中最主要的是解决两大问题。一是如何为群众提供医疗服务，这属于医疗卫生事业发展问题。二是如何使群众能够看得起病、看好病，这属于社会保障问题。[02—27 16：45]

温家宝： 在这两个问题当中，我们做了五项工作：第一，建立广覆盖的医疗保障制度。新农合大约覆盖农村人口8.2亿，城市职工医疗保险和居民医疗保险加在一起，大概覆盖4亿人口，加起来是12.2亿。也就是说，中国的绝大多数人都已经有了医疗保险。当然必须指出，我们的保险水平还很低。[02—27 16：46]

温家宝： 我曾经同陈竺部长谈了一次，因为他是一个搞医出身的。我说今年我们的城乡医疗保险国家出资水平再增加50%，由每人每年80元提高到120元，如果加上个人适当出资，这就可以达到150元。他说，解决大病统筹问题能够达到300元的出资标准，基本上就够用了。我跟他讲，我说在本届政府任期内能够做到。[02—27 16：47]

温家宝：第二，在“非典”之后，我们对基层医疗卫生单位进行了历史上前所未有的大规模建设，这包括基层医疗系统和基层卫生系统，以及疾病控制系统。如果你们到农村去看看，这三个方面都有显著的变化。[02—27 16：48]

温家宝：第三，基层医疗服务体系建设。我们要改善医疗服务，特别是这些年我们已经对一些特大的传染病，比如“非典”、结核、肝炎，都实行了免费医疗和儿童免费注射疫苗。[02—27 16：50]

温家宝：第四，方才这些网民提到的，之所以看病贵，关键在于现在许多医院没有进行改革，实行以药养医，因此药品价格高。实行基本药物制度改革，提出接近400种药物实现零差价，就是通常使用的药物群众不再付出高价了。基层医疗单位实行零差价以后需要补偿，而使基层的卫生人员待遇不下降。因此，我们又建立了医疗的补偿机制和马上要推进的基层医疗的绩效工资制度。[02—27 16：50]

温家宝：最后一项改革就是公立医院改革，这是最难的。但是我们下决心，选择 16 个地区、若干城市和医院进行试点。公立医院改革的方向已经确定，就是要实行公益性的改革。也就是说公立医院改革的公益性方向应该坚定不移。公立医院是一件复杂的事情，我们应该采取稳妥的办法，通过试点汲取经验，然后再加以推开。［02－27 16：52］

温家宝： 我这里想讲一下医患关系的问题。提起医疗改革，人们常常谈到医患关系。其实应该这样讲，我们总体医患关系是好的，存在的一些医患上的矛盾也不是医生的问题和病人的问题，根本还在于制度。［02－27 16：52］

温家宝： 有一年，我去吉林一所医院参观，我曾经对医生讲，我理解医生们为病人付出的代价。因为任何国家，医生都受到尊重，而且他们的待遇都比较高。但是，你们要把病人当做亲人，对他们的态度要好，如果你们真的有什么委屈，要发脾气也找我，不要对病人。医生听到我这句话以后心里非常感动。他们说，有总理这样的理解，我们一定好好工作。［02－27 16：53］

温家宝： 其实，我也受到医生们的医疗作风的感染。我认识的医生不是很多，但是我有一个很好的朋友，我非常想在在线访谈上宣传一下他。他是武汉大学附属医院的桂希恩教授，是防治艾滋病的专家。他为了调查艾滋病的情况，走遍了祖国的各地，甚至因为一些误解而受委屈。但就是这样一位医生，许多艾滋病病人把他当成朋友。［02—27 16：55］

温家宝：我到他家去过，艾滋病病人到他家里吃饭，他们同桌吃饭；在他家里留宿，他们夫妻两个人睡在地上，而把床让艾滋病病人睡。［02—27 16：55］

温家宝：有一件事情我尤为感动，他有一次带一个护士去给一个村的村民进行血液抽血化验，护士不小心把自己的皮肤刮破了，他心里十分不安，很快就让医院给这位护士检查，当发现没有问题的时候，他放心了。但从此以后，成千上万的抽血化验都是他自己来做。我们需要这样的医生，需要这样的医德。我们不仅要搞好制度建设，而且要推崇高尚的医德风尚。［02—27 16：56］

［网友 君子如兰］感谢总理回答了我的问题，谢谢总理。总理，您再挑一个问题好吗？［02—27 16：57］

温家宝：可以。［02—27 16：57］

［网友 小关］总理，您今天回答了很多问题，网上好评如潮，开创了网络民主新风，网络问政已经成为一个大趋势。我们还想问您一个问题，您明年还来吗？我们可以和您

2009年12月1日，中共中央政治局常委、国务院总理温家宝和中共中央政治局常委、国务院副总理李克强来到位于北京地坛医院的北京红丝带之家，看望这里的艾滋病感染者、医护人员和志愿者，并主持召开座谈会，听取专家对艾滋病防治工作的意见和建议。这是温家宝与来自德国的防治艾滋病专家握手。（新华社记者庞兴雷摄）

相约吗？[02—27 16：57]

温家宝：我今天回答大家的一些问题，不一定每个问题都答得好，让大家满意。但是有一点就如同我去年所讲的，我是带着真情来的。[02—27 16：58]

温家宝：我真诚地回答每位网友的问题，可能不全面，也可能没有解决每个人的问题。但是应该说是网民们帮助了

我，知屋漏者在宇下，知政失者在草野。[02—27 16：59]

温家宝：我们现在有4亿多网民，他们代表社会的一个很大的群体，而且也包含着社会的各个方面，倾听网民们的意见，开创了网络问政的新风。我开始就讲，我今天并不紧张，但今天我很珍惜，因为这样的机会不多了，我明年还来。[02—27 16：59]

温家宝：如果说一句笑话，我们可以勾指相约。[02—27 16：59]

主持人：谢谢，谢谢总理。时间过得真快，我们的在线交流已经两个多小时了，网友热情很高，提问源源不断，网上好评如潮。就像一位网友说的，我们虽然没有和总理坐在一起，但能真切地感受到总理是在和我们谈心、交心，总理的坦诚让我们感动，总理的回答让我们激动，总理的话语给了我们一种力量。这是一次心连心的交流，这是一次手握手的诚意，这更是一次零距离的互动。谢谢总理，也感谢广大网友的参与，我们明年再见。本次访谈到此结束。谢谢大家。[02—27 17：00]

[中国政府网、新华网]本次访谈结束，谢谢各位网友！[02—27 17：01]

温家宝总理第二次与网友在线交流

新华社北京 2 月 27 日电 全国“两会”召开前夕，中共中央政治局常委、国务院总理温家宝 27 日下午来到新华网访谈室，接受中国政府网和新华网的联合专访，与广大网友进行在线交流。温家宝强调，如果说过去的一年是进入新世纪以来经济最为困难的一年，那么今年将是中国经济最为复杂的一年。要巩固企稳回升的向好形势，应对新的挑战，最重要的是要处理好经济平稳较快发展、转变发展方式和管理好通胀预期三者之间的关系。我对中国经济的发展抱有信心。

这是温家宝总理继去年 2 月 28 日后第二次与网友进行在线交流。中国政府网、新华网和中国新华新闻电视网环球频道全程进行文字和视频直播。

上午 8 时，中国政府网、新华网发出温总理与网友在线交流的预告消息后，网友反响十分热烈。

下午 2 时 40 分许，温家宝提前来到访谈室，微笑着在电脑前坐下，了解网友提问的情况。下午 3 时整，访谈正式开始。温家宝首先向网友们拜年。他说，我是带着真心、真意、真情来同网友们交流的。这些天来，我一直十分关注网上网民提出的各种问题。

网络上关于经济发展的问题较多。有网友问，在应对国际金融危机的过程中，信心起了什么作用？温家宝说，2008 年，国际金融危机蔓延，当经济处在最困难时期，我曾提出“信心比黄金和货币更重要”。一年多过去了，我们靠信心增添了勇气和力量，制订了应对金融危机的一揽子计划。实践证明，一揽子计划是正确的，中国经济在全球率先企稳回升。

在回答网友关于分配社会财富“蛋糕”的问题时，温家宝说，要做大社会财富这块“蛋糕”，就必须坚持以经济建设为中心，集中力量发展生产力。当前，特别要注重转变发展方式，使经济发展真正转移到依靠科技进步和劳动者素质提高上来。分好社会财富“蛋糕”，关系到社会的公平正义，涉及国民收入分配，要注重提高居民收入在国民收入中的比重，提高个人工资收入在初次分配中的比重，在二次分配中更加注重公平，通过财政和税收更加照顾困难群体。如果说做大社会财富这个“蛋糕”是政府的责任，那么，分好社会财富这个“蛋糕”就是政府的良知。

温家宝总理一直十分关注农民工问题。当有网友提出关于新生代农民工的问题时，温家宝说，现代产业工人队伍的主体已经是农民工。新生代农民工比老一代农民工有一些特殊的困难。要高度重视新生代农民工问题，推进户籍制度改革，让那些长期在城市生活和工作，并具备一定条件的农民工融入城市，享有同城里人一样的福利待遇、生活条件。

在回答网友关于社会诚信的问题时，温家宝说，诚信和道德是现代社会应该解决的紧迫问题。每个企业家和社会的每个成员都应该热爱人民、热爱国家，要有同情心。己所不欲，勿施于人。我们的企业如果只考虑自己的利益，甚至见利忘义，把自己挣的钱建立在别人的痛苦甚至生命上，那是可悲的，也是法律不允许的。

网友提问十分踊跃，温总理答问真挚坦诚。两个多小时的在线交流中，温家宝就加快转变经济发展方式、医疗卫生体制改革、住房保障、劳动就业、社会保障、“三农”问题、教育改革和发展、物价走势、两岸关系、中美贸易等回答了网友提出的问题。

下午 5 时许，在线交流结束。从上午 8 时发出预告消息到访谈结束，网友共发来提出问题的帖子超过 40 万个，还有 10 万多手机用户发来短信提问。

访谈结束后，温家宝在新华社社长李从军陪同下来到新华社新闻大厦，看望周末值班的采编人员。温家宝感谢大家为传播党和政府的方针政策以及国内外新闻信息付出的辛勤劳动、作出的不懈努力和富有成效的工作。他希望新华社进一步解放思想，勇于创新，更好地传播党和政府的方针政策，更好地反映人民群众的意愿呼声，把新华社办成世界一流的通讯社，为党和国家服务，为经济社会发展服务，为人民服务。

温总理与网友在线交流
对中国经济发展抱有信心

新华社记者

新华社北京2月27日电　“两会”召开前夕，中共中央政治局常委、国务院总理温家宝27日下午来到中国政府网、新华网与广大网友进行在线交流。这是温总理继去年2月28日后第二次与网友进行在线交流。

解决价格问题要管好两条

温总理：如果说过去的一年是进入新世纪以来经济最为困难的一年，那么今年将是中国经济最为复杂的一年。最重要的是处理经济平稳较快发展，结构调整、转变发展方式和管理好通胀预期之间的关系。我对中国经济的发展抱有信心。

解决价格问题，在中国最重要的是管好两条：第一，是要使货币发行适度。在当前我们还要实行适度宽松的货币政策，一方面保持经济的平稳较快发展，一方面能够管理通胀预期。第二，要保证农业的丰收。这两个方面我们都不可以有任何的松懈。我相信既能保持经济平稳较快发展，同时又能够把物价控制在合理的水平。

［解读］毫无疑问，今年政府将采取有力措施，坚决避免金融危机后出现通胀危机。例如，货币发行适度，意味着央行将适时回笼过剩流动性，保证货币供应既能满足经济发展的需要，又能避免通胀出现。上调存款准备金率等紧缩政策或将再次实施。而加息与否、何时加息，也将视通货膨胀情况而定。

此外，今年的物价形势还有一些不确定性因素，如输入性通胀等。但总理表明了一方面保持经济较快发展，另一方面把物价控制在合理水平的信心。今年经济形势十分复杂，因此宏观调控的针对性和灵活性将有所增强。

贸易摩擦应平等协商

温总理：中美贸易关系是中美关系的一个重要组成部分，我们主张三点：第一，一国贸易的发展，同时要照顾另一个国家的关切，这就是通常说的要互利互惠。第二，中国确实存在着贸易顺差，但是，我们不追求贸易顺差。第三，中国将坚持对外开放的方针。

[解读] 在世界经济“我中有你”的大背景下，我国对外经贸关系持续恶化是小概率事件。但值得注意的是，全球经济复苏之路仍然曲折，贸易摩擦频发的现象不会短期内改变。由于外需根本性好转仍需时日，因此加快推进结构调整和继续启动内需成为题中应有之义。

三原因导致“用工荒”

温总理：部分地区缺工现象，可能是由以下几种情况引起的：第一是整个经济回升向好，企业生产状况明显改善，订单增多，因此需要更多的用工；第二就是企业用工和待业人员找工常常在专业上不相吻合；第三，工人自身维护自己的利益也更加自觉了。我认为这种现象在一定意义上表现出经济企稳向好的态势，但是从总体上并没有改变就业形势严峻的状况。

我常讲两句话：既要让符合条件的农民工融入城市，也要让生活在农村的广大农民更加幸福。

［解读］“用工荒”现象与我国当前的劳动力结构、区域经济结构、城乡经济结构的变动也是息息相关的。当前的“用工荒”可能是一种结构性的劳动力供需矛盾，并不能简单被看做外贸完全复苏的信号。

当前农民工的供应数量肯定呈递减态势，同时新生代农民工受教育程度要远高于老一代，不满足于那些技术简单、待遇低的工种。这就倒逼中国的外向型经济加速升级。

“用工荒”问题，说明中国劳动力的竞争力正在不断提升，中国的经济结构也需及时跟上调整的步伐。

公立医院改革是最难的

温总理：公立医院改革是最难的。但是我们下决心，选择 16 个地区、若干城市和医院进行试点。公立医院改革的方向已经确定，就是要实行公益性的改革。也就是说公立医院改革的公益性方向应该坚定不移。

［解读］“医改”是涉及亿万人民福祉的大事，也是新医改中最核心的部分。解决“看病贵、看病难”问题，首先要有一定的增量，即政府加大对医疗卫生的投入，增加城乡医保国家出资金额，从防和治两个环节入手，提高国民医疗健

康保障的力度；其次是重塑公益性的公立医院体制，对医护人员可以采取适当的“养廉”措施。

公立医院改革的本质是要建立政府购买的经济补偿制度，即国家承担公立医院医护人员的部分工资补贴和政府统一采购的基本医疗用药费用，地方政府承担公立医院的基础设施建设和医疗器械的购置费用，以消解公立医院强烈的创收愿望。

收入分配关乎公平正义

温总理：社会财富这个“蛋糕”分好，关系到社会的公平正义。我们要注重提高居民收入在国民收入中的比重，提高个人工资收入在初次分配中的比重。在二次分配当中，我们应该更加注重公平，也就是说，通过财政和税收，更加照顾困难群体。

我常讲这样一段话：一个社会当财富集中在少数人手里，那么注定它是不公平的，这个社会也是不稳定的。

［解读］当下贫富差距过大所导致的社会不公平现象必须引起足够的重视。在初次分配中，较多地倾向于资本和土地等生产要素的分配，而居民的劳动所得比重太小。初次分

配的不合理，造成的负面影响是资金过多地沉淀在企业和政府层面，一方面滋生了腐败，降低了资金的使用效率，另一方面由于居民手中可供支配的资金不多，以致内需迟迟不能打开。

普通老百姓更关心的是二次分配是否公平。这就需要政府拿出更大的勇气和魄力打破现有的行业垄断格局，限制垄断企业职工的高收入，限制公务人员的公款消费，鼓励民营企业的发展，发扬民主和法制，摈弃集权和特权。

此外，提高对低收入人群的财政支持，应是收入分配制度改革中的非常重要的内容。

理解“蜗居”滋味

温总理：群众的心情我非常理解，我也知道所谓“蜗居”的滋味。一部分城市房价上涨过快，造成群众的不满，中央曾两度采取了 4 条和 11 条措施。我有决心，本届政府任期内能把这件事情管好，使房地产市场健康发展，使房价能够保持在一个合理的价位。

[解读]“有决心”，这三个字意味着党和政府对于遏制部分城市房价过快上涨态度坚决，从资源配置和动员能力来

看，政府对于房地产市场仍然拥有实际有效的调控能力。未来三年，房价持续猛涨的情况不大可能成为事实。

从温总理的表态来看，商品房市场继续明确了“有保有压”的政策方针。政府将不会用行政手段打压楼市，但对圈地不用、捂盘惜售、哄抬房价的违法违规行为将依法进行惩处。

观察人士认为，在一系列调控措施逐步显效的情况下，楼市可能呈现“先升后稳”的态势，月度房价涨幅逐步缩窄，全年房价涨幅可能缩小至5%左右，调控成果得以“初显”。

2009年2月28日

温家宝总理
与网友在线交流实录

2009年2月28日
温家宝总理与网友在线交流实录

[中国政府网、新华网] 新华社快讯：中共中央政治局常委、国务院总理温家宝28日下午来到中国政府网考察。稍后，他将与网友在线交流。[02—28 14：29：42]

[中国政府网、新华网] 温家宝总理已经来到中国政府网、新华网访谈间。[02—28 14：50：02]

[中国政府网、新华网] 温家宝总理正在浏览网友提出的问题。[02—28 14：56：31]

主持人：各位网友，大家好！这里是中国政府网、新华网在线访谈。中国政府网自2006年1月1日开通以来，已经进行了200多场访谈，政府官员相继走进这间演播室。在"两会"召开前夕，"总理，请听我说"、"我有问题问总理"成为这个春天里互联网上最热烈的话题、最恳切的心声。这期间，不断有网友说："什么时候能与总理在线交流就好了。"

温家宝总理真的听到了海内外网友热切的呼唤，接受了网友盛情的邀请。此时此刻，温总理在百忙之中来到中国政府网、新华网演播室，与海内外网友在线交流。温总理，您好！[02—28 14：58：28]

温家宝：你好，主持人好。[02—28 14：59：59]

主持人：总理，在访谈预告发出后几个小时的时间里，网民的提问源源不断涌进来。新华网发展论坛可以说从来没有这样热闹和忙碌过。总理，现在亿万网友在电脑前守候着，期待着与您的交流。总理，先请您和网友说几句话吧。[02—28 15：00：27]

温家宝：好。网友们，在“两会”前夕，我非常高兴同大家进行在线交谈。我一直认为群众有权利知道政府在想什么、做什么，并且对政府的政策提出批评意见，政府也需要问政于民、问计于民，推进政务公开和决策的民主化。和网友们进行在线交流，对于我来说是第一次。第一次的事情难免有点紧张，但是我总记得母亲常跟我说的一句话，无论是对什么人，要诚实，要用心讲话。虽然她在前几天患了脑栓塞，两眼几近失明，但是她这一番话，我一直记在心里。我想今天的在线交流应该是一次谈心，或者说用心谈话，应该诚实，就是把真实情况告诉大家，倾听群众真实的声音。谢

谢大家。[02—28 15：02：00]

主持人：我想说，好人一生平安，身体总会好起来的。[02—28 15：03：17]

温家宝：谢谢。[02—28 15：04：22]

主持人：网友有很多留言。“宝葫芦”：能有机会和您在网络上见面，真是太幸福了。还有一位网友“我和总理是网友”：从现在开始，期待总理上线，和我们做网友。还有一位网友说欢迎总理做我们的网友。大家都特别欢迎您。[02—28 15：05：05]

温家宝：谢谢大家。其实我每天几乎都上网，最长的时间可以达到半个小时到一个小时。最近从网上已经了解到，大家都在向我提问题，已经多达50多万条。我也深深感到，我们国家大，需要解决的问题多。我也深深感到，做中国的总理难，责任重大。还是那句老话，苟利国家生死以，岂因祸福避趋之。为人民鞠躬尽瘁，死而后已。[02—28 15：05：38]

主持人：总理，我知道您特别注重看网友的反馈，现在我给您念一下。网友“向江东”：希望总理的母亲早日恢复健康，我热泪盈眶了。还有一位网友说，您是好总理，谢谢您。现在我们就来选网友的问题。[02—28 15：09：59]

［网友 田间地头］总理，人们对金融危机的影响心中都很没底。您认为危机对中国的影响主要表现在哪些方面？我们已经采取的应对措施起到作用了吗？政府还会继续出手吗？［02—28 15：10：35］

2009年2月7日至8日，中共中央政治局常委、国务院总理温家宝在河南检查指导抗旱工作。这是2月7日，温家宝在禹州市鸿畅镇东高村的麦田里，拿起塑料水管为麦田浇水。（新华社记者姚大伟摄）

温家宝：这是一个很大的题目。其实我关注到今天网友提出的各类问题，大多数是关系民生的。但是所有这些问题都同我们的经济发展有关，特别是同应对当前这场金融危机有关。我首先回答这个问题，如同给大家画一张素描图。你说人们对金融危机的影响心中还没底，我觉得这是可以理解的，因为百年罕见的金融危机，现在还在蔓延，没有见到底。[02—28 15：11：17]

温家宝：在这场危机的冲击下，我国经济受到的主要影响是在实体经济，因为我国的金融经过十多年的改革，已经具备应对危机的良好基础，总体运行是稳定、健康的。但是我常说，中国管得了自己的事，管不了世界的事情。世界市场的萎缩，经济发展的下行压力趋大，对中国经济特别是外部需求造成很大的冲击，最主要影响东部沿海地区、外向型企业和劳动密集型产业。[02—28 15：11：50]

温家宝：由于外部需求减少，产品缺乏市场，工厂经营困难，也就造成农民工大批返乡失业。应对这场危机，应该说是从去年 6 月份开始的，我们采取了一系列措施，到现在为止，可以说形成了一个比较完整的应对方案，我们称之为“一揽子计划”。[02—28 15：12：14]

温家宝：它包含四个方面：第一，大规模的政府投入和结构性的减税，以扩大内需。第二，大范围内产业调整和振兴规划，涉及十大关系国计民生的重大行业。第三，大力度的科技支撑。我们准备在两年内加快推进科技专项规划，投

2009年6月12日至14日，中共中央政治局常委、国务院总理温家宝在湖南考察。这是6月13日，温家宝在爱铭数码电子有限公司同生产一线职工亲切交谈。（新华社记者鞠鹏摄）

2009年6月19日至20日，中共中央政治局常委、国务院总理温家宝在河北省唐山、秦皇岛考察。这是6月20日，温家宝在秦皇岛港务集团公司考察时与工人握手。（新华社记者黄敬文摄）

2009年6月27日至28日，中共中央政治局常委、国务院总理温家宝在山东考察。这是温家宝在与中国重汽总装配线上的工人亲切交谈。（新华社记者姚大伟摄）

2009年8月22日至24日，中共中央政治局常委、国务院总理温家宝在浙江考察。这是8月22日，温家宝在丽水市纳爱斯集团有限公司考察。（新华社记者李学仁摄）

入1000亿，为经济发展提供支撑和后劲。第四，大幅度提高社会保障水平。单就大家关心的医药卫生体制改革，我们计划在三年内要投入8500亿。[02—28 15：12：51]

温家宝：你再问这些应对措施起到作用了吗，我可以告诉大家，这场危机来势凶猛，我们应对措施是否能够起到作用，取决于措施是否正确，措施的力度是否足够，措施的进度是否快速有力。尽管这样，我觉得我们正确地概括，就是说政府采取的应对措施初步见到了效果。在一些地方、一些领域，经济开始有向好的方面发展的趋势。一些重要的经济指标表明我们经济开始有所好转。[02—28 15：14：24]

温家宝：当然，这些指标还是暂时的，有些还是不能完全可以对比的。我们必须充分认识应对这场危机的长期性和艰巨性，没有别的办法，就是在危机面前一定要提振信心，沉着应对，随时准备出手更坚决有力的措施，减少危机对中国经济的危害。[02—28 15：15：13]

温家宝：网友们，我今天是没有任何稿子和大家交谈。我会引一些数据，有些可能是正确的，有些凭记忆也有失误，但是为了让大家了解，我还是尽可能地向大家讲一些事实。[02—28 15：15：49]

温家宝：我想讲为什么说见到初步成效，有四个方面。

第一，信贷投放有所增长。去年11月份，新增信贷大约4400亿，12月份7700亿，2008年1月份16200亿。第二，消费金额增长指数。去年11月份38%，12月份42%，今年1月份45%。第三，消费。今年1月份的消费同比增长18%，但今年1月份的物价比去年同比要低。第四，我非常看重的就是发电量和用电量。从今年2月中旬开始，发电和用电量都恢复了正增长。在全国，2月中旬增长15%，环比增长13.2%，在南方，同比增长10%，环比增长8%。谢谢。[02—28 15：16：36]

[网友“云开雾散”] 总理您好，刚才您说的话让我很感动，现在受金融危机的影响，我们农民工很难找到打工的地方。我想自己创业，但我家是黑龙江农村的，经济条件不好，希望我们也能有小额贷款，三五年还的。[02—28 15：17：01]

温家宝：你的要求是合理的。无论是农民工就业，还是大学生就业，以及城镇零就业家庭就业，都时刻摆在我心里。因为我认为就业不仅关系一个人的生计，而且关系一个人的尊严。[02—28 15：18：12]

温家宝：我知道统计数字不是很准确的，有的说农民工返乡2000万，有的说农民工返乡1200万。我们姑且不评论这些数字，事实是这场金融危机给农民工就业带来了很大的影响。我还是想借这个机会，先要感谢农民工兄弟姐妹们，你们为祖国的建设，贡献了很大的力量。许多工厂、矿山，一些繁重的岗位，你们常年坚守在那里，城市的高楼大厦是你们盖的，最重、最脏、最累、最危险的活是你们干的。[02—28 15：19：56]

温家宝：在金融危机冲击下，失业影响首当其冲是在你们身上，但是你们并没有对政府有多大怨言，你们理解。有句俗话叫做“城门失火，殃及池鱼”。因此，你们许多人默默地回乡，有地的农民工开始从事农业生产，许多在农村里缺乏生计的，他们还在四处奔波寻找工作，其中不乏有人才、有资金的农民工，他们需要创业。我们应该鼓励农民工创业，给他们提供培训和税收的优惠。谢谢。[02—28 15：20：37]

主持人：总理，您的一句话“信心比黄金和货币更重要”，近来给大家特别大的鼓舞。网友“民用李宝库”又引用这句话，他还说，中央连续出台了一系列措施，我们非常拥护，如果想让老百姓敢消费，更重要的是让大家看到中国经济振兴大有希望。总理，您认为我们的信心来自哪里？[02—28 15：21：29]

温家宝：从这场危机一开始，我就到处讲，信心比黄金和货币还要重要，我以为金融危机在一定程度上是信心危机和信用危机。在这个关键时刻，提振信心最为重要。只有消费者有信心，才能大胆地消费。只有企业经营人有信心，才能大胆地投资。只有国家领导人有信心，才能开动脑筋，想方设法采取及时果断的措施应对危机。只有信心，我们这个国家才有新希望。[02—28 15：22：08]

温家宝：谈起消费，我常讲，取决于消费的不在于一般号召，而在于消费者口袋里是不是真的有钱。当然，我们希望有钱的消费者大胆消费，但是最根本的还是要使经济发展，使人们就业，从而挣到钱才能真正实现消费。你盼望的，也是我盼望的，就是经济尽快复苏，大批农民工还能回到城里就业，应届和以前的大学毕业生能找到合适的工作，整个社会各个群体的收入都能够有所增加，那么，我们消费才有基础，我们将为此而努力。谢谢。[02—28 15：25：23]

主持人：总理，我们再一起来选网友的问题。这里有一个民营企业的问题。[02—28 15：26：13]

[网友"沈月芳"] 我是个浙江小型私企老板，感谢政府多年扶持。经验告诉我小企业活了，中国的经济就活了，眼

前的危机影响非常大，我们想从银行贷款很难，很多我们这样的企业都存在着资金周转的难题。请问您，政府能不能帮帮我们？[02—28 15：26：33]

温家宝：政府知道你们的困难，而且我同意你的观点。中小企业吸纳就业人员多，是我们社会经济发展不可缺少的组成部分。我们应该采取坚决有力的扶持中小企业的政策，包括私营企业。[02—28 15：27：13]

温家宝：我曾经讲过，应对这场金融危机应该推动民间资本和民营企业的发展，这是一条重要的措施。对于中小企业，目前存在最大的困难是融资困难。[02—28 15：29：42]

温家宝：有的人说，国家已经制定了政策，比如说最重要的是三条：第一，各大商业银行都成立了中小企业营业部，并且通过各种指导，鼓励银行向中小企业贷款；第二，各级财政都要建立为中小企业提供担保的基金；第三，财政部最近出台的就有关于免除中小企业部分呆账的规定。[02—28 15：30：05]

温家宝：但是为什么还有这么多网友提出这些问题呢？我认为就是这些措施还没落实。我希望我们的银行要抓紧落实这些措施。我常讲，经济学家、企业家、银行家身上都要流着道德的血液。也就是说，在危机冲击的时候，在国家处于困难的时候，我们应该在完善制度的基础上，积极主动地去为中小企业服务。这是为国家分难的一个实际行动。我希望我们每一家银行都要做这件事情。谢谢。[02—28 15：31：06]

主持人：总理，海内外网友，现在是3点30分，在线交流已经过去了30分钟，网上的留言越聚越多，工人、农民、教师、学生、军人、企业界人士纷纷参与互动提问。新华网发展论坛的编辑告诉我，现在反馈特别多，我帮您找一下。网友们说，“您辛苦了，别累倒了”。[02—28 15：31：40]

温家宝：我很感谢网友们、群众对政府的理解，没有你们的支持，我们克服不了困难。[02—28 15：32：06]

[网友“爱国的网民”] 总理您好，您刚才讲有十大产业振兴计划，我看了一下，很多都和基础建设有关，这固然是好，但现在民生方面还有很多不足啊，是否把国家投资的份额给民众教育、社保、医疗、困难户的基本生活保障等民生方面多划点。[02—28 15：32：35]

温家宝：民生是国家之本。其实我们这次扩大内需的十条措施，民生占很大的比重。比如说保障性住房工程，规定在三年内要解决750万户困难家庭的住房问题，要解决240万户棚户区的问题。我知道，统计数字告诉我，现在住房人均不足10平方米的要超过千万户以上。但是，我觉得比这个数字还会多。你想，每年毕业的大学生就是600多万，他们不久就要结婚，这就是多少家庭。[02—28 15：33：44]

温家宝：民生问题，还有大家关心的社会保障问题、医药卫生体制改革问题、教育问题，这些我将会分别来回答。但是我想到一点，就是我们这次应对危机：第一，政府的投入一定要有正确的投向，要给子孙后代留下宝贵的东西。第二，政府的投入一定要把民生摆在首位，要让人民得到实惠。谢谢。我们开始分别来回答一下。[02—28 15：34：34]

[网友“IP‘221. 233. 19’”]我来自湖北，感动于您救助白血病患儿，这样的孩子很多。总理，仅凭您一己之力救不过来。我6岁的孩子患有原发性免疫缺陷，家里经济负担沉重，恳请总理考虑能否将特殊病患儿纳入医保统筹范围。救救我的孩子，叩谢您。[02—28 15：36：44]

温家宝：我十分关心你的孩子，你的问题是发自肺腑的，其实就是那次在天津遇到白血病儿童，我和我的同事们，伸出救援之手，但是这件事情也引起网友不同的议论，

有的网友十分尖锐地提出来，说到遇到一个好总理不如遇到一个好医生。[02—28 15：39：35]

温家宝：这件事情我懂得，因为就是在几年前，北京儿童医院的胡亚美女士告诉我，中国的白血病的儿童要超过400万，她希望在儿童医院建立一个白血病中心。国务院批准了这个项目，将要斥资8.8亿来建设这个中心。但是光有意愿不行，孩子还得有钱看得起病。我也懂得，一个白血病的儿童，治疗少则十几万，多则几十万，而我们现在所有的医疗保险制度都不允许这么大额的报销。[02—28 15：40：03]

温家宝：大家请注意，那天在火车站，我并没有把这个孩子的事情交给地方政府去办，而是出于一个普通人的同情心，和我的同事们一起凑些钱来给他治病。但是，我毕竟是一个总理。因此，我要想的是更深层次的东西，那就是如何完善医药卫生体制改革的方案，如何建立儿童重大疾病的救助制度。这些事情我们都在做着，但是我们的力度还不够。[02—28 15：40：37]

温家宝：比如说农村合作医疗覆盖面达到90%，但是目前大病统筹的标准只有100块钱，今年计划120块钱，报销的额度又比较小。即使这样，8亿多农民国家每人负担

100多块钱，就要1000多亿。我们只有通过不断地发展经济、增加财政收入来提高统筹的标准。[02—28 15：41：34]

温家宝：另外，我们目前对于疾病救助的中央财政也安排了大约每年96亿，这点钱应该说是杯水车薪。对于这么多的孩子要救治，我倒想了一个可能做到的办法，就是要广泛地发动群众，建立儿童大病救助金制度，这件事情可以立即做起。[02—28 15：44：00]

温家宝：另外，我们对于现在很多特殊的传染病的防治也加大了救助和支持的力度。谢谢。[02—28 15：44：26]

主持人：我在这儿想到一句话，刚才说好总理、好制度，我觉得好总理会想好制度，而且好总理会推进好制度。[02—28 15：45：11]

温家宝：是的。[02—28 15：45：18]

主持人：现在网友回馈特别多，我们来看看。网友“流浪的猫”：看到这么多网友热情地跟总理交流，我很感动，总理是大家的好总理，我却不知道该跟总理交流些什么了。一句话，祝中国强大，祝总理平安健康。[02—28 15：45：56]

温家宝：谢谢你，其实我也想说一句话。这么多网友提出数十万个问题，我只能回答很小的一部分，而你们提出的问题不管是大还是小，都表明你们对国家的关心，而且表明你们对政府的信任，我应该感谢你们。祝大家平安健康。[02—28 15：46：53]

［网友“老翁”］作为一名消费者，我在商场已经能找到消费者是上帝的感觉了。什么时候在医院里我们患者也能找到这种感觉就好了，让医生围着病人跑，而不是病人追着医生跑，做到这一点医改就成功了，总理，您说呢？[02—28 15：47：45]

温家宝：我完全理解你。前几年有一次我在长春出差，到一所医院去视察，当时医生也向我谈了许多他们的想法。我就跟他们讲，你们对病人的态度一定要好，我知道你们也很不容易，你们是医改的一支积极力量，如果你们有什么牢骚和不满的话，向我发，但不要向病人发。他们很感动。[02—28 15：48：12]

温家宝：你方才提到医改问题，我想借此机会给网友们稍微讲一下我们医改的主要方向。大家知道，医改是世界性的难题，在中国这样一个 13 亿人口的大国，解决医改确实不是一件容易的事情。我们决心推动医改就表明政府把老百姓的健康放在心里。[02—28 15：51：15]

温家宝：我们打算做五件事情：第一，要扩大城乡医疗保险的覆盖面。城乡医疗保险大概分三种类型：1. 城镇职工医疗保险。2. 城镇居民医疗保险。3. 农村新型合作医疗制度。现在新农合覆盖面基本达到 90%，城镇职工保险在一部分困难企业还没有真正做到，最为困难的就是城市的一老、一小、一残，也就是城市居民医疗保险。现在城市医疗保险的覆盖面还不高，我们将加大投入，力争用三年的时间使这三项医疗保险的覆盖面都达到 90%。[02—28 15：52：18]

温家宝：第二，建立基本药物制度。也就是说，我们把群众需要的常见病的急需药物作为基本药物，规定它的价格、标准和报销的水平，这样就使人家能够看得起病、吃得起药。[02—28 15：52：51]

温家宝：第三，进一步加强医疗服务体系的建设。我们已经在全国 2.9 万个乡镇卫生站进行了医务中心的建设，我们准备今年完成这方面的建设。然后计划在三年内，还要完成 5000 个中心乡镇卫生院的建设，2000 个县医院的医疗卫生建设，还有 2400 个城市社区卫生院的医疗卫生建设。[02—28 15：53：21]

温家宝：第四，加强医药服务体系的均等化。主要是增加人均医药卫生保障水平，特别是公共经费的保障水平。[02—28 15：53：49]

温家宝：第五，我以为最艰难的，也是最重要的，就是公立医院的改革。因为这项改革涉及城乡很多医院，我们没有经验，需要试点，但是所有这五项改革，我们所要坚持的方向，就是公共医疗卫生，必须坚持公益性质。［02－28 15：54：38］

［网友“酸梅汤”］温总理，我们在电视上看到您的回锅肉炒得不错，饺子包得也很漂亮。平时您在家做饭吗？拿手

2009年1月24日至25日，中共中央政治局常委、国务院总理温家宝来到四川受灾最为严重的北川、德阳、汶川等地，和灾区人民一起过年。这是1月25日，温家宝总理在汶川映秀镇板房安置小区吴志远等几家合用的厨房里炒菜。（新华社记者姚大伟摄）

菜是什么？您喜欢吃什么菜？[02—28 15：55：04]

温家宝：老实说，我现在不做饭，我这点底子是在年轻时培养的。因为那时候两个人都工作，下班谁早谁就做饭。吃得也很简单。[02—28 15：55：47]

温家宝：也会做一点饭。我知道现在年轻人吃饭的方式和我们更不一样，他们希望能够吃得快一些、简单一些，但是又要有营养、舒适一些。谢谢你。[02—28 15：56：18]

[网友“把酒话桑麻”] 在剑桥遇到的扔鞋事件，您想过会有这样的事情发生吗？您当时心里怎么想的？有没有想是危险品啊？[02—28 15：56：48]

温家宝：这次在欧洲访问是一次信心之旅，我以为整个访问是成功的，但是最后在剑桥演讲所发生的事情确实是我没有预料到的。当会场出现喧哗，以至发生这种事情的时候，我表现得应该说还是十分镇定。也有些网友或者说境外的媒体提出，是不是可以采取其他的方式，我知道这当中也有好多好心的朋友，但是我首先想到是要维护国家的尊严、人的尊严，要维护中国和英国的友谊，要把演讲继续下去而不受干扰。这就是我个人的风格。[02—28 15：57：46]

温家宝：至于那天的会场，大家不身临其境可能不知道，因为它是一个音乐厅，灯光都聚焦在我的眼睛上，我看下边是黑的，我确实不知道扔上来的是什么东西。但是我有一个信念，就是说即使是危险品，我也不会动一丝一毫。也许有人问，下次遇到这种问题你会怎么处理？我还想告诉大家，我还会这样处理。[02—28 15：58：18]

[网友“人间正道是沧桑”] 在扩大内需的十项措施中，您提到要加快建设保障性安居工程，加大对廉租房建设的扶持力度。政府在落实这些优惠政策的时候，如何能够保证不走样？[02—28 15：58：47]

温家宝：对于房地产，政府是高度重视的。我们希望在应对金融危机当中，房地产业能够保持稳定、健康的发展。因为它直接关系到人民群众的生活，而且直接影响到国民经济的发展。[02—28 15：59：11]

温家宝：我们提出要稳定市场信心和预期，要稳定房地产的建设，要加大对中低收入家庭的住房支持力度，这就表明了政府的态度。作为政府来讲，要把更多的钱、更大的精力放在那些困难户和无房户身上，这个方才我已经讲了。[02—28 16：00：38]

温家宝：另外一方面，就是这些钱一定要用好，要保证房屋建设的质量、经济、适用、安全和省地。房地产建设走到哪里，审计和监察就要跟到哪里，随时发现问题，随时加以处理。我们还要通过加强对房地产业的分类管理，整顿市场秩序，规范交易行为，使房地产建设规模和房价保持在一个合理的水平上。谢谢。[02—28 16：01：08]

[网友“益言九顶”] 我从祖国来到肯尼亚工作生活已经5年多了，在非洲第一家孔子学院中任教。近年来太极拳、武术这些元素在非洲大陆生根，对非洲兄弟了解中国文化起到了作用，您是怎么看待的？[02—28 16：01：47]

温家宝： 谢谢你，通过回答你的问题，也向在海外的华侨华人、企业家、留学生转达我衷心的问候。我一直认为一个国家要真正赢得尊严，除了要有发达的经济和繁荣的社会事业之外，还要有深厚的文化底蕴，要有比较高的文明素质和道德的力量。我希望你们在海外能够发扬中华文化的优良传统，同时也虚心学习和借鉴外国先进的、优秀的文化传统。[02—28 16：03：45]

[网友“新华手机尾号 8761”] 我叫韩冰，北京新源里小学的学生，跟父母来北京打工 5 年，现在借读费不用交了，心里很高兴。[02—28 16：05：31]

主持人： 我理解，好像是农民工兄弟的孩子上学的借读费已经全免了，是这样吗？[02—28 16：06：01]

温家宝： 不仅免除了学杂费、借读费，在农村我们还免

除了课本费。就是昨天，财政部下拨了95亿，作为春季免除课本费的费用。[02—28 16：06：21]

[网友“新华手机尾号8761”] 我们没有北京户口，高考就必须要回老家了。我有一个梦，什么时候农村孩子能真正和城里孩子一样读书、考学呀？[02—28 16：08：21]

温家宝：是的，农民工子女在城市里上学的问题一直是政府牵挂的，这件事情我们总的原则应该是：同地、同样的标准和同样的保障水平。但是现在还难以完全做到，就在于我们城市学校的规模还远远达不到大批学生入学的要求，这需要一个过程。我们的方向已经明确了，要逐步扩大规模，使更多的农民工孩子和城里的孩子一样能够进入到学校来学习，享受同样的、均等的教学方面的服务。[02—28 16：08：57]

主持人：网友又说了，还是请总理喝水。[02—28 16：09：50]

[中国政府网、新华网] 总理喝了一口水。[02—28 16：10：19]

[网友“四季常青”] 我们在新闻里看到总理会打棒球、打太极、打乒乓球，投篮的姿势也挺像那么回事儿的，而且是用左手上篮。您有时间锻炼吗？最喜欢什么运动？[02—28 16：10：49]

温家宝：其实我想回答的超出你问的范围了，因为我在中学受到良好的教育。南开中学是一个非常重视体育的学校。在我上学的时候，我记得一下课，我的第一件事情就是抱着篮球占场地，以致后来我被选入学校少年代表队参加全市的篮球联赛获得了第六名。一所中学的棒球队竟然培养出6个国家级的运动员。[02—28 16：11：27]

温家宝：我倒不是关心我的锻炼问题，我关心的是现在青少年学生们的锻炼问题。我有时候看到我们许多城市的体育场越来越少，学校校园建得满满的，操场也越来越少，孩子们的课业负担越来越重了。其实，身体是非常重要的，要强国需强志，要强志需强身。我们这个民族，我们的后代只有坚强的体魄，才能够迎接前进道路上的各种困难。我想回答你的问题就是学校一定要注意孩子们的体育锻炼。[02—28 16：13：07]

[网友“IP 222.240.42”] 总理，您好，我是一名基层的纪检干部，现在很多领导干部手中的权太大了，很多腐败都是因为权力过大造成的。总理，您对领导干部的权力怎么看？您对您手中的权力怎么看？[02—28 16：13：58]

温家宝：前几天，新华网作了一个统计，说在网民中最为关注的问题是反腐败。我深深思考了一下，为什么在应对金融危机这样重要的时候，而群众却十分关注反腐败？我以为，经济发展、社会公平和政府廉洁是支撑一个社会稳定的三个顶梁柱。而在这三者当中，政府廉洁尤为重要。因为只有一个廉洁的政府、得到人民信任的政府才能够一心一意促进经济发展，才能够采取各种措施实现社会公正。[02—28 16：14：32]

温家宝： 我懂得百姓之所以关心反腐败，是关心我们政府的基础，就是要建设一个务实、高效、廉洁、让人民放心和满意的政府。提起反腐败，我以为，最重要的还是解决制度问题。因此，就要解决权力过分集中而又不受制约的问题。只有权力受到制约，才能够从根本上防止腐败的滋生。[02—28 16：15：21]

温家宝： 许多网友在网上提出为什么还不建立官员的财产申报制度。我认为这个建议是正确的，这应该是反对腐败的一项重大举措。我们说要实行政务公开，也要对官员的财产收入实行公开。当然，这件事情要做得真实而不走过场，就必须建立制度和制定法律，并且长期地保持下去，使它收到真正的效果。我们正在积极准备这项工作。[02—28 16：16：28]

温家宝： 谢谢。至于我自己，我一直认为我的权力是人民给的，我在三四十岁的时候也和你们大家一样。如果没有改革开放，我可能今天还在山沟里拿着锤子跑地质。人民给了我这个权力，我不知道如何来报答大家，因此，我只有竭尽全力。［02—28 16：17：49］

温家宝：我曾经在纽约的一次座谈会上讲过，我说，我希望我能做到两点：第一，就是春蚕到死丝方尽，蜡炬成灰泪始干，为人民的利益献出自己的一切；第二，就是我和我的政府要尽一切努力，为人民服务。［02—28 16：19：42］

［网友“221.3.＊.＊”］我生活在西部农村，低收入导致了养子不防老。老两口有两个儿子，每人每月给老人10元赡养费，这是老人生活的全部费用，这是全村公认的标准，这就算是孝顺了。总理，农村老人什么时候也能像城里人一样有养老金呢？［02—28 16：20：07］

温家宝：你问的问题，我实际上都看过了。在农村最困难的是无人照顾的老人。当然，他们中最为艰难者就是孤寡老人。我们注意到这个问题。从今年开始，我们将建立农村养老保险，虽然水平还很低，但是今年力争达到覆盖面10%。同时，我们还有五保户的民政补助，还有4400万的低保补助，这些我觉得可以多少解决一些老人的困难。但我知道，他们依然还是比较艰苦的。谢谢。［02—28 16：20：52］

［网友“风的想象”］您对中国股市有信心吗？我建议请您推动立法加强监管，尤其是在上市准入和信息披露方面，同时要规定符合条件的公司用现金分红，以引导股民长期持有股票，从投机变成投资，避免股市的大起大落，让我们的钱包早日鼓起来。［02—28 16：21：30］

温家宝：股市问题我毫不隐讳，我非常关心。因为我们之所以发展股市：第一，发展资本市场，逐步提高直接融资的比例，支持经济建设。第二，它可以吸收社会资金，参加经济建设，也可以使股民通过投资而增加收入。但是，股市毕竟是有风险的，有挣也有赔。当然我知道，每个股民都希望自己挣钱，而不希望赔钱。［02—28 16：22：12］

温家宝：政府的责任就是要建立一个公开、公正、透明的市场环境，坚决打击操纵股市等违法犯罪行为。同时我还要告诉大家，决定股市好坏的是经济的基本面，是企业的效益。所以至于哪一支股票好，这要由股民自己来判断。但是我对于中国的经济有信心，对中国的企业发展有信心，因而对中国的资本市场也有信心。［02—28 16：23：30］

主持人：我给总理通报一下，现在快到4点半了，在线交流将近一个半小时。这次交流也激起了全球华侨华人的浓厚兴趣，不仅收到国内各个省市自治区的提问，香港、澳

门、台湾地区同胞，海外华侨华人也纷纷通过互联网向总理提问。[02—28 16：24：09]

[台湾网友“高雄的EE”] 我是来自台湾高雄的农民，大陆出台了对台湾农产品的一系列优惠政策，让我们很感激，也萌生将来到大陆开办农场的想法。我了解大陆的支援力度很大，不知到时候我是否也能享受和大陆农民一样的政策支援？[02—28 16：24：51]

温家宝：去年台海局势发生了重大变化，在“九二共识”的基础上，实现了“两会”的协商，并且盼望已久的“三通”也正式解决了，这标志着海峡两岸的关系进入了和平发展的新阶段。[02—28 16：26：00]

温家宝：我知道，两岸经济关系是台湾企业和群众最为关心的。我希望借这次在线交流能够表明我们的立场，也就是我们希望同台湾加强合作，共同应对金融危机，特别是加强金融方面的合作。对于台商，企业融资困难的，要给予合理的解决。对于他们到大陆来创业的，要给予支持。这几年我们出台了对台湾农产品的一系列优惠政策，目的就是解决所谓台湾农产品“卖难”的问题。[02—28 16：27：52]

温家宝：我想我们还可以想得更深一点，也就是通过协商来进一步研究两岸经济交流与合作的机制，这符合两岸人

民的根本利益，也有利于台海局势的稳定和发展。[02—28 16：29：18]

主持人：总理，发展论坛的编辑告诉我，有两个帖子刚刚发上来。[02—28 16：29：47]

[网友] 温爷爷，我是“5·12”大地震中您看望过的孩子，都江堰新建小学的赵奇松。我现在身体康复得不错，您说废墟上一定会绽放出最美丽的花朵，我时刻记在心中，谢谢温爷爷。[02—28 16：30：09]

[网友] 我是王佳淇，是您在“5·12”在废墟小学看望过的孩子。现在我头发和脸都长好了，变得漂亮了。我记住了您的话，要坚强。温爷爷，您工作很忙，也很累，您一定要注意身体。我真的好想马上就见到您。[02—28 16：30：41]

温家宝：其实我对灾区非常关心，最挂牵的还是孩子们。我曾经讲过这样的话，那是在北川死难者纪念碑前，我说这块土地一定会绽放出最美丽的花朵。而灾区建设的未来还是靠青年和孩子们，我衷心祝福孩子们。我告诉他们，在我们今年启动内需的十项措施，两年4万亿，我们将把1万亿投入灾区的恢复重建。谢谢。[02—28 16：31：06]

[网友“我从海上来”] 我特别关注中美关系。奥巴马上

台了，希拉里不久前刚刚结束对中国的访问，中美关系将如何发展？[02—28 16：31：27]

温家宝：中美建交走过了30年历程，应该说有曲折，但毕竟是向前发展。一个良好的中美关系，不仅符合中美两国和两国人民的利益，也有利于世界的和平和稳定。30年，中美关系的发展告诉我们，就是和则两利，斗则俱伤。[02—28 16：32：02]

温家宝：我们经过反反复复的实践，终于找到了一条正确的道路，那就是互相尊重，平等相待，发展建设性协作关系。我希望中美关系继续朝着这条道路向前发展。后退没有出路，也不符合历史潮流。谢谢。[02—28 16：33：30]

[网友“60.161.92”] 我是一名农村教师。国家全免义务教育阶段学生学杂费，这是惠及子孙后代的大好事。但和城市相比，目前农村教育还很落后，根本原因是教育经费投入太少，农村教师待遇低，留不住人，农村教师的待遇问题何时解决呢？[02—28 16：34：14]

温家宝：你提了两个问题，一个是教育经费保障问题。我们实行“两免一补”以后，教育经费完全由政府来保障。我们最近又提高了在校学生的经费标准，城市和农村分别提高到500块钱和300块钱。[02—28 16：34：39]

温家宝：你提的第二个问题就是教师工资问题。我讲的其实主要是农村教师，当然，我们贯彻《义务教育法》包括整个九年义务制中小学教师。我们准备实行绩效工资制度，政府投入120亿来解决1200万义务教育阶段教师的工资问题。当然，中央政府120亿，各级政府也要加大投入力度。我们的目标是要使教师的工资不低于，或者相当于公务员的工资水平，我们在努力这样做，我们一定要做到。[02—28 16：35：15]

[网友“人生过客”] 我是来自武汉的一位网友。敬爱的总理，我是一名学生家长，现在的中小学助学费、进门费、择校费的现象特别普遍，特别是在大中城市，这个问题特别突出，政府也出台了不少措施，但是这个问题始终困扰着家长，怎么能彻底解决？[02—28 16：35：53]

温家宝：网友提出的问题是存在的。前两天我就在一份材料上批示，要立即解决乱收费的问题。这个问题也要分析，它来自两个方面：一是学校经费保障不足，一是防止乱收费的各项制度贯彻不坚决。我们必须从这两个方面加以解决，真正做到农村孩子免交学杂费、免交课本费。[02—28 16：36：28]

[网友“125.93.78. *”] 我在东莞有一个玩具厂，产品

是销往国外，现在没有倒闭，但是也在苦苦支撑着。我们对国际贸易形势看不太清，不知道何时、如何打开销路，想请总理帮助分析一下。[02—28 16：38：41]

温家宝：据我所知，金融危机开始以后，玩具行业比较困难，但并不是所有的都很困难，那些电动娃娃、有高科技含量和自主品牌的玩具还是比较能够畅销的。我很奇怪，我也就是在珠三角看到一个玩具厂竟然有300项专利。当然，我也知道国际贸易保护主义在加剧，对玩具的质量标准已经接近对食品的质量标准，以PPM来计就是百万分之一，这就要求我们的企业在困难中增强竞争性，培育自主品牌，我希望你坚持下去，把这个企业办好。[02—28 16：39：12]

主持人：现在访谈已经过了1个小时40分钟了，总理，请您喝口水。[02—28 16：39：33]

[网友"金豆豆银豆豆"] 温总理，我们同学同事在聚会或者聊天的时候，经常会聊到不同行业间的收入差距太大的问题，一些垄断行业收入非常高，这导致很多人心理不平衡，政府有没有考虑要解决这个问题？[02—28 16：40：07]

温家宝：你说的是事实，目前我们经济社会发展存在的不平衡、不协调、不可持续的问题，最重要的是地区不平

衡、城乡不平衡、收入不平衡。一个公正的社会，就是让大众来共享改革发展的成果。[02—28 16：40：34]

温家宝：我最近常读亚当·斯密的《道德情操论》，他实际上讲过两只看不见的手，一只是讲市场，一只是讲道德。财富如果长期为少数人所占有，而多数人处于贫困状态，它是不公平的，而且注定这个社会是不稳定的。因此，我们非常关注解决贫富差距问题。[02—28 16：43：35]

温家宝：当然，我也得讲另一个道理，就是在静止状态无论怎么解决公正的问题，贫困的人口总不可能摆脱拮据的状况。只有在发展和进步的状态，才能从根本上解决人们的困难。我们必须做到要使经济社会发展，同时又要逐步地缩小贫富差距。这是我们的目标。[02—28 16：45：16]

[网友“路人”] 总理您好，别的村路都修好了，俺们村是晴天一脚灰，雨天一脚泥，能不能补贴点钱给我们修这条路，希望您能看到陕西省城固县大田村的路。[02—28 16：45：38]

温家宝：确实，“三农”问题是中国经济发展的基础，也是党和政府多年关注的问题。我们说把“三农”问题要摆在全部工作的重中之重，这不是一般的表态，而是实际行动。这些年，我们为农民做了一些事情，比如说免征农业税，废除了几千年农民种粮交税的制度；比如说在农村首先实行小学和初中的“两免一补”政策，使农村的孩子上学再不用交学杂费和课本费；比如说在农村实行农村合作医疗制度，大病统筹，尽管标准不高，但是农民可以到乡里、到县里以至到省会去看病，并且报销30%、40%、50%。[02—28 16：46：12]

温家宝：但是，只要经常到农村的人都会感到我们的城乡差距依然很大，在我的脑子里有很多贫困农村的景象。我经常和同事们讲，在这些地方投入多少建设，给农民多少实惠都不算多，因为城乡的差距太大了。我们的农民是好的、是知足的，他们种粮、增产，给城市人民的生活，给整个建设作出了很大的贡献。粮食连续5年增产，去年创历史最高水平，都是农民做的。[02—28 16：47：44]

主持人：总理，访谈的时间已经接近两个小时了。[02—28 16：48：14]

温家宝：过点时间没有关系。[02—28 16：49：49]

[网友“天天向上”] 总理，您好。我感觉中国人对待自己的文化真是重视得不够，能不能设立全国读书节，提倡全民读书，发扬中国传统文化。[02—28 16：50：13]

温家宝：是的。我不知这是个孩子还是个老人提的意见。总之，我赞成他的意见。方才我讲，我们这个民族上下五千年，有着深厚的文化底蕴，不仅有物质文化遗产，也有非物质文化遗产，这些都需要我们继承和发扬。[02－28 16：51：21]

温家宝：毫无疑问，我们要吸收和借鉴世界的先进文化，但是如果连自己祖国的文化都不了解，都没有能够学好，就很难增强对世界的了解。因此，我非常希望提倡全民读书。我愿意看到人们在坐地铁的时候能够手里拿上一本书，因为我一直认为，知识不仅给人力量，还给人安全，给人幸福。多读书吧，这就是我的希望。[02－28 16：51：48]

[网友“网民协会”] 总理您好，听了您的话，我很感动，我觉得这种和网友直接交流的形式挺好，以后会不会定期进行这种交流？会不会鼓励下边各级的地方官员也采用这种形式直接和网友交流？[02—28 16：53：39]

温家宝：和网友交流是我期盼已久的。我觉得这种交流能使我看到网友的意见和要求，网友也知道政府的政策。一个为民的政府应该是联系群众的政府，与群众联系的方式可以多种多样，但是利用现代网络与群众进行交流是一种很好的方式。还是这句话：我愿意把这样的在线交流继续进行下

去，特别是在当前经济处于困难的时期。[02—28 16：54：14]

温家宝：我曾经说过，我也是一个67岁的老人了，我愿意通过我的话，通过我的行动，通过我和我们政府制定的政策，给全国人民以信心和希望，勇气和力量。为了做到这一点，我愿意经常在这里和大家交流。谢谢大家。[02—28 16：54：50]

主持人：总理，现在我们的访谈进行了两个小时，刚才发展论坛的编辑告诉我，已经有30万来帖，有数万手机读者留言。[02—28 16：55：11]

[网友“独树一帜”]这么多网友向您提问，您不可能一一回答的。请问您打算怎么处理这些问题呢？[02—28 16：55：44]

温家宝：这位网友的意见一针见血。他是说在线的网友的意见有数十万，没有在网上的群众的意见那就会更多了，总理能够解决这些问题吗？我想告诉这位网友，我和我的政府会通过各种方式来了解群众的意见和要求，并且我们的政策也要通过实践的检验来证明是否正确。[02—28 16：56：21]

温家宝：我曾经多次引用过这样一句话，知屋漏者在宇下，知政失者在草野。最能了解政府的是群众，最有资格评价政府的也是群众。群众信任你，你才能坐在这里，你坐在这里就要为群众服务。我将本着这个信念为群众服务到底。谢谢。[02—28 16：58：14]

[网友“春秋战国”] 总理，您曾说人们有权了解政府重大决策过程，但是对于政府重大决策过程如何确保老百姓参与的渠道畅通呢？[02—28 16：58：45]

温家宝：我们已经采取了许多措施，比如说制定重要法规和涉及民生的法规要公开征求意见，有些不止一次征求意见，修改以后还要继续征求意见。我们提倡干部要到群众中去，不是走样子的，而是直接听取群众的意见，了解群众的要求，关心群众的疾苦。我们还要建立各种渠道，比如信访，对于大量的群众来信，我可以告诉大家，我几乎每天都在看，很多都在批。当然，这不是一个人的事情，是需要从上到下建立一套完整的联系群众的制度。只有做到这一点，才叫做真正发扬民主，让人民当家做主，才不会陷入“其兴也勃焉，其亡也忽焉”的周期。[02—28 16：59：26]

主持人：时间过得真快，两个多小时已经过去了，本次访谈也即将结束了，但是总理，真的希望时间能够过得慢一点，最好就停留在这一刻。我们看到，网友“一往情深”

说，总理上网，与网情深，好评如潮，开创新风。今天对中国互联网乃至全球互联网，真是一个特殊的日子。[02—28 16：59：58]

温家宝：我再想跟大家说一句话，我只是带着心来的，带着诚意来的，我并不以为每个问题都回答得好。但是我讲的话是诚实的，我希望我许诺的事情能够真正做到！谢谢大家。[02—28 17：02：16]

主持人：无数网友表达的过上好日子的心愿，对国家繁荣富强的祝愿，都源自一颗颗滚烫的心。所有的网友都会记住今天。许多的个人组成集体，千万个小家聚成国家。互联网上传递着网民对总理的信任、人民对政府的信心，显示着民族的合力、国家的希望。[02—28 17：02：40]

温家宝：谢谢网友，谢谢主持人。[02—28 17：03：13]

主持人：感谢网友的参与，本次访谈到此结束，再见。[02—28 17：03：31]

温家宝总理与网友在线交流

新华社北京2月28日电　全国“两会”召开前夕，中共中央政治局常委、国务院总理温家宝2009年2月28日下午来到中国政府网访谈室，与网友在线交流，并接受中国政府网和新华网的联合专访。

被誉为“24小时不下班的政府”的中国政府网，是中华人民共和国中央人民政府门户网站，由新华社负责运行维护、内容发布更新和技术建设及保障，正式开通3年多来，内容建设不断深化，网上互动和服务逐步增加，日均页面浏览量达到452万，成为政府对外传播的重要窗口、政务公开的重要渠道、为公众服务的重要平台、与公众互动交流的重要通道。

中国政府网、新华网上午10时发出温总理与网友在线交流的预告消息后，网友反响十分强烈，到在线交流开始前，网民提出的问题就达到5万多个。

下午2时30分，温家宝来到中国政府网工作平面，看望编辑记者。看到温总理来了，大家纷纷起身，激动地向总理问好。总理面带微笑，与编辑记者们一一握手，对大家表示亲切的慰问。

随后，温家宝走进访谈室，和主持人亲切握手，微笑着在电脑前坐下。下午3时，在线访谈正式开始，温家宝总理首先向网友们致以亲切的问候。他说，网友们，在“两会”前夕，我非常高兴同大家进行在线交谈。我一直认为群众有权利知道政府在想什么、做什么，并且对政府的政策提出批评意见，政府也需要问政于民、问计于民，推进政务公开和决策的民主化。今天的在线交流应该是一次谈心，或者说用心谈话，就是把真实情况告诉大家，倾听群众真实的声音。

这是中国政府总理首次与网友进行实时交流，中国政府网和新华网全程进行文字和视频直播。电脑显示屏上，许多网友“闻讯赶来”，通过新华网论坛向总理问好，并踊跃在线提问。

在回答网友关于应对金融危机的信心来自哪里时，温家宝说，金融危机在一定程度上是信心危机。在这个关键时刻，提振信心最为重要。只有消费者有信心，才能大胆消费；只有企业经营者有信心，才能大胆地投资；只有国家领导人有信心，才能开动脑筋，想方设法采取及时果断的措施应对危机；只有全国人民有信心，我们这个国家才有希望。

温家宝指出，我们必须充分认识应对这场危机的长期性和艰巨性。在危机面前，一定要提振信心，沉着应对，随时准备采取更坚决有力的措施，减少危机对中国经济的危害。

就网友有关国家投资应向民生领域多倾斜的建议，温家宝指出，民生是国家之本。我们这次扩大内需的十条措施，民生占很大的比重。必须坚持两点：第一，政府的投入一定要有正确的投向，要给子孙后代留下有价值的东西；第二，政府的投入一定要把民生摆在首位，要让人民得到实惠。

网友提问踊跃，总理答问坦诚。两个小时的在线交流中，温家宝手握鼠标，专注屏幕，就教育改革和发展、医疗卫生改革、灾区重建、反腐倡廉、社会保障、缩小收入差距、两岸关系发展、中美关系以及个人工作生活情况等方面回答了网友提出的29个问题。

民意在网络上聚集，心灵在网络上交汇。下午5时许，在线交流结束。从上午10时发出访谈预告消息起至访谈结束，网友共发来提出问题的帖子超过30万个，还有数万手机用户发来短信。

访谈结束后，温家宝在新华社社长、党组书记李从军陪同下来到新华网工作平面，看望新华网职工，并观看“新华08”金融交易服务平台演示。“新华 08”是新华社自主开发的金融综合交易信息服务平台，以终端形式为金融机构提供资讯、行情、数据和交易等服务，同时提供价格监测分析系统和系列经济分析报告。

临行前，温家宝对在场的新华社干部职工说，新华社有着长期优良的传统，以信息传播准确、有力、迅速而著称于世、赢得信誉。在新形势下，新华社要紧紧围绕党和国家中心任务，全面正确及时宣传党和政府的政策。他指出，真实准确是新闻的生命线，是新闻工作者的准则，新华社在这方面要走在前列。在全国人民应对危机、共克时艰的重要时刻，要通过宣传报道鼓舞人们的斗志，提振人们的信心，提振市场的信心，为经济建设助一臂之力。他希望每一个新闻工作者都要有高度的责任感，以对祖国、对民族、对人民真诚的爱履行好自己的职责，成为一名优秀的新闻工作者。

问政于民的交流，问计于民的沟通

——温家宝总理与网友在线交流侧记

新华社北京2月28日电（记者赵承、李斌、邹声文）“我一直认为群众有权利知道政府在想什么、做什么，并且对政府的政策提出批评意见，政府也需要问政于民、问计于民。我想今天的在线交流应该是一次用心谈话……”

一段简短而又充满真情的开场白，拉近了对话者的距离。

对话的一方是共和国总理，另一方则是网络上不计其数、不曾谋面的网友——“网上的朋友”。

2009年2月28日下午3时，在北京市西便门附近的中国政府网访谈室，温家宝总理与守候在电脑旁的广大网友进行了一次倾心的交谈。

简朴的访谈室因红色基调而温馨亲切，访谈桌上只有两台笔记本电脑，桌前十几盆绿油油的植物把整个房间装点得生机盎然。

温家宝总理似乎急切要和网民们交流，提前来到访谈室。他身穿蓝灰色夹克，一入座就凝神注视电脑屏幕，轻轻叩击鼠标，浏览着网络滚动的页面。

上午10时，中国政府网、新华网发布温家宝总理将与网民在线交流的消息后，虚拟空间顿时沸腾起来，亿万网民踊跃参与。

“总理，您认为我们已经采取的应对措施起到作用了吗?政府还会继续出手吗?”“很多企业都存在着资金周转的难题，政府能不能帮我们?”现实的严峻挑战使许多网友将应对金融危机作为向总理提问的第一选择。

“我们必须充分认识应对这场危机的长期性和艰巨性，没有别的办法，就是在危机面前一定要提振信心，沉着应对，随时准备采取更坚决有力的措施。”温家宝在向网友们解释应对危机的四大政策后，加重了语气说。

从投入、减税到产业振兴规划，从科技支撑到社会保障，坚毅的表情，坚定的信心，总理画出了一张应对危机、提振经济的“素描图”，通过文字、照片和音视频等多种形式，传播到网络世界的各个角落。

这是一次问政于民的交流，这是一次问计于民的沟通。

总理与网友在线交流的话题广泛而深刻："三农"是中国经济发展的基础，优良的文化要继承和发扬，中小企业应该得到坚决有力的扶持，反腐败最重要的是解决制度问题，房地产和股市要保持稳定健康的发展，良好的中美关系符合两国人民的利益，促进两岸和平与发展……

"民生是国家之本。"总理与网友交流时的一句话，给无数人留下极其深刻的印象。

从就业到教育，从医疗到住房，总理知道大家的关切，对每一个现实而直言的民生话题的回答都是那样认真而坦诚：

——"无论是农民工就业、大学生就业，还是城镇零就业家庭就业，都时刻摆在我心里。"温家宝郑重表态，"回乡农民工如果打算创业，我们应该鼓励，给他们提供培训和税收的优惠。"

——"你们对病人态度一定要好，如果有什么牢骚和不满的话，向我发，不要向病人发。"在长春考察时，他曾经这样对医护人员说，他思考的是"更深层次的东西，如何完善医药卫生体制改革方案，如何建立儿童重大疾病救助制度。这些事情我们都在做，但是我们的力度还不够"。

——"农民工子女在城市里上学的方向已经明确了，要逐步扩大规模，使更多的农民工孩子和城里的孩子一样能够进入到学校来学习。”“我们的目标是要使教师的工资不低于或者相当于公务员的工资水平，我们在努力这样做，我们一定要做到……”

——“住房直接关系到人民群众的生活……作为政府来讲，要把更多的钱、更大的精力放在那些困难户和无房户身上。”

……

犹如温家宝常去的田间地头、工厂车间、学校医院，在线网友“簇拥”在总理身边，唠家常、说心事、话期盼。一个个帖子，就是一颗颗滚烫的心，代表着网民对总理的信任、人民对政府的信心，让总理感动不已。

“我是您看望过的孩子，现在身体康复得不错，您说废墟上一定会绽放出最美丽的花朵，我时刻记在心中，谢谢温爷爷。”“我记住了您的话，要坚强。”当主持人读出来自地震灾区两个孩子的帖子时，在场的人无不为之动容。

“我对灾区最挂牵的还是孩子们。”被网民们称为“真情总理”的温家宝动情了，“我曾经在北川死难者纪念碑前说，这块土地一定会绽放出最美丽的花朵。而灾区建设的未来还是靠青年和孩子们，我衷心祝福孩子们。”

时间在不知不觉中流逝……

越来越多的网友带来越来越多的话题。温家宝毫无倦意，一个问题接着一个问题与网友交心。

总理为网友的理解和支持而感谢，网友为总理的真诚和信任而感动。这是一个对话沟通的特殊方式，这是一个亲切交流的新型平台。民意在汇集，心灵在交汇。虚拟的网络涌动真情，无尽的空间心心相印。

“我以为，经济发展、社会公平和政府廉洁是支撑社会稳定的三个顶梁柱。而在这三者当中，政府廉洁尤为重要。因为只有一个廉洁的政府、得到人民信任的政府才能够一心一意促进经济发展，才能够采取各种措施实现社会公正。”这是总理的目标，也是人民的愿望。

“我的权力是人民给的。”温家宝语重心长地说，“我希望做到两点：第一，就是春蚕到死丝方尽，蜡炬成灰泪始干，为人民的利益献出自己的一切；第二，就是我和我的政府要尽一切努力，为人民服务。”

两个小时过去了，提问的帖子超过 30 万个，页面访问量达到 1.5 亿，100 多万人同时在线观看视频。

在线交流即将结束时，温家宝说：“我只是带着心来的，带着诚意来的，我并不以为每个问题都回答得好。但是我讲的话是诚实的，我希望我许诺的事情能够真正做到!”

网友们纷纷发帖，依依不舍地跟总理道别。

在线交流结束了，但总理亲切的话语依然在网络世界里久久回荡，一个个帖子反映着广大网友的真切感受：

“总理亲民、自信与坦诚，折射出今日中国开放、民主、海纳百川的胸怀。”

“老百姓安居乐业方能国泰民安。总理，我们大家一起加油，同舟共济!”

2009年12月27日

温家宝总理
就当前经济形势
和2010年经济工作
接受新华社专访

2009年12月27日 温家宝总理就当前经济形势和2010年经济工作接受新华社专访

新华社北京12月27日电 中共中央政治局常委、国务院总理温家宝27日下午在中南海紫光阁，就当前经济形势、明年我国经济工作等问题接受了新华社独家专访。

采访开始时，温家宝说，今天接受新华社的采访，感到非常高兴。我想主要谈过去一年我们国家是如何应对金融危机的。作为政府总理，应该把真实情况向人民讲清楚，这是我的义务。同时应该给人民带来信心和希望。

接受这次采访，并不代替我答应的每年要同网民们进行一次在线交流。在"两会"之前，我还要同网民们见一次面。

随后，温家宝回答了本社记者的提问。

新华社记者： 非常感谢您利用周末时间接受新华社的独家专访。我想提的第一个问题是，一年来，国际金融危机是我们应对的一个主要课题，可以说应对得惊心动魄，一揽子计划力挽狂澜，您亲身经历，一定有很多很多的感慨。大家想知道的是，您对中国应对国际金融危机打多少分？您最满意的是什么？最遗憾的又是什么？

温家宝：过去这一年，可以说是惊心动魄的一年。如果回忆起来，去年冬天的时候，金融危机突然袭击我国，企业遭受了很大的困难。我记得我看到码头上堆积着大量的矿石，这些矿石都是当初用高价买来的，可以用到今年的 6 月份。当时的波罗的海指数由上万点猛降至几百点。11 月份，我在深圳考察，然后又到东莞，发现许多企业非常困难。中国最大的一家集装箱厂竟然一个集装箱的订单都没有，大批工人回家了，许多农民工返乡了。在这种情况下，我们的心情非常沉重。不知这场灾难给中国经济带来多大的损失，也不知道它会持续多长时间。

在这种困难情况下，党中央、国务院及时果断地采取了应对的政策和措施。应该说，通过全国人民一年的努力，我们稳住了经济，稳定了就业，保持了社会的安宁，这是我心里感到慰藉的地方。因为金融危机还没有过去，许多工作还没有结束，现在打分还为时过早。但我们前一阶段的工作是有效的，全国人民应该引以为自豪。

应对这样一场大的危机，可能需要付出一些代价，也会遇到一些意想不到的困难。比如，我举一个具体的例子，如果我们信贷保持得更平衡一些，结构更合理一些，规模更适当一些，就会更好。我们年中开始注意这个问题，并且努力加以纠正，下半年的情况有所好转。因此，我们一定要善于总结经验，发现问题，再接再厉，把应对金融危机的工作做得更好。所以说，今年打多少分还得靠实践和历史的检验，最终靠人民的评价。

新华社记者：今天是星期天，您没有到外地去考察，好像有点破例了。来之前我作了一个简单的统计，应对国际金融危机以来，您到外地考察的次数有36次，而且常常是利用周末和节假日的时间。我听说在您身边的工作人员每到周末或者节假日，总是要提前把行李打好，准备随您到外地去出差，已经形成一个惯例了。我想在一趟趟考察中肯定有很多故事。请总理谈谈，这些考察对您的决策有什么样的帮助？

温家宝：在国际金融危机到来的时候，我确实加快了工作的步伐，经常下到基层，已经走了20多个省（区、市）。我跟基层的同志讲，我要跑遍各地，直到应对国际金融危机取得最后胜利。我下到基层主要办三件事情：第一是传递信心，第二是了解情况，第三就是研究制定政策。

“风起于青萍之末。”2008 年“两会”记者招待会上，我曾经讲过，这一年可能是最困难的一年。难在什么地方？难在国内国际不确定的因素多，因而决策困难。但我不是个预言家，我没料到 5 月份会发生汶川特大地震，我也没料到紧随着而来的金融风波袭击了中国。其实“五一”节我在宁波的时候，已经看到企业开始出现了一些困难。

忙完抗震救灾工作以后，从 6 月底 7 月初开始，党中央、国务院的领导同志进行了密集的到基层考察调研。7 月上旬的一天，我在无锡参观一家纺织厂。在车间里，机器轰鸣，什么也听不到。出来的时候，我跟厂长讲，咱们到屋子里去谈一谈。我们几个人就坐在一间小屋里，厂长第一句话就跟我说：“温总理，你来访贫问苦了，你要听真实情况，还是要听一般情况？”我说我当然要听真话。他就给我讲了企业碰到的各种困难。

这些调查使我清楚地感到：国际金融危机的风波首先波及沿海发达地区，首先影响到外向型企业。年中我们在分析经济形势、确定下半年经济工作的时候，已经改变了我们原来确定的方针。如果大家还记得的话，我们开始降低准备金率，降低利息，提高出口退税率，以至后来到 11 月 5 日，正式出台应对危机、扩大内需的十项举措。

这些都是通过调研并精心论证研究的结果。现在看来，中国应对金融危机出手还是快的，而且各项政策措施的力度也比较大，工作抓得扎实。后来通过不断地完善这些政策措施，形成了应对金融危机的一揽子计划，大部分都是从基层调研得来的。

现在，恐怕很少有人认为中国应对金融危机就是4万亿投资了。其实我们一揽子计划是一个完整的计划，是一个统筹兼顾的计划，就是兼顾当前和长远，运用市场和宏观调控“两只手”，调动中央和地方两个积极性的方案。

这个方案大体分四个方面：一是大规模的财政投入，包括结构性的减税；二是大范围的产业调整和振兴规划的制订；三是大力度的科技支撑；四是大幅度地提高社会保障水平。这四个方面是一个统一体，构成了我们应对金融危机的一个完整的方案。这是我们中央领导集体进行了大量的调查研究的结果，也反映了广大干部群众的智慧和力量。

新华社记者：刚才您谈到您下去考察的一些情况，在金融危机爆发之后，您讲的一句话给大家留下了深刻的印象：与时间赛跑，跑过金融危机的影响。当时我们一系列政策出台得非常快。我印象很深的就是，当时在中央经济工作会议

2009 年 9 月 21 日和 22 日，国务院总理温家宝召开三次新兴战略性产业发展座谈会，听取经济、科技专家的意见和建议。国务院副总理李克强、回良玉，国务委员刘延东，国务委员兼国务院秘书长马凯出席会议。(新华社记者黄敬文摄)

之前一揽子政策计划就出台了。

温家宝：我没有进行过统计，但是你讲的确实是事实。如果我们查一查那一段的国务院常务会议，几乎是每一周都在出台新的政策。这些政策都围绕着扩大内需、应对危机。比如家电下乡，后来发展到汽车、摩托车下乡。以后又制定了 1.6 升及以下排量乘用车购置税减半的政策。然后又实行了家电、摩托车、汽车以旧换新的政策。我只举一个例子，我们加大了对农民的农机补贴，由 2008 年的 40 个亿增加到 140 个亿。这些政策都立竿见影，有力地扩大了内需，推动了经济的发展。

新华社记者：人们注意到，金融危机爆发以后，您出访和参加国际会议的次数比以往多了。在与世界携手抗击国际金融危机的大舞台上，请问总理，中国扮演了一个怎样的角色？

温家宝：这场百年罕见的金融危机，从一开始我们就认为，没有一个国家可以独善其身，也没有一个国家可以独自应对，必须加强合作，同舟共济，共同应对。你可能还记得，我在亚欧会议上曾经用六个字来概括，这就是：信心、责任和合作。

所谓信心，早在去年 9 月份我出席纽约联合国大会时就第一次提出“信心比黄金和货币更重要”。随后我们采取了一系列主动行动。在年初我访问欧洲四国的时候，除了传递信心以外，在最为困难的时候，我们决定向欧洲派出两个采购团。

所谓责任，就是说作为一个发展中的大国，我们一定要把自己的事情办好，不把麻烦留给别人。中国是这样说的，也确实是这样做的。

所谓合作，你可以看到，我们今年为应对金融危机积极主动地参与国际交流与合作，特别是同主要经济体加强政策交流，形成一致应对危机的共同力量。我们扩大了同一些国家货币的互换，贯彻“清迈协议”，建立了东亚区域外汇储备库，并且开始实行跨境贸易人民币结算的试点。所有这些都是我们采取的行动，有利于国际之间联手来应对这场危机。

新华社记者：国际金融危机推动着世界经济结构大调整。面对抢占科技制高点这样一个大的竞赛，中国该怎么行动？

温家宝：到今年9月夏季达沃斯会议期间，全世界应对金融危机应该说已经看到成效了。我曾经讲过，最困难的时期已经过去了，世界开始看到一缕曙光，我们应该对未来充满希望。在应对这场危机当中，因为开始比较紧张，我们把力量集中在应对上。到今年下半年，我们开始有时间冷静地思考一下我们的过去，研究应对危机中出现的问题，冷静地思考一下我们的未来。

我们作出了一个判断，就是每一次国际金融危机都会带来一场科技的革命，或者说大的变革，而决定应对经济危机取得胜利的关键，还是在于人的智慧和科技的力量。

2009年9月10日下午，世界经济论坛第三届领军者年会（2009年大连夏季达沃斯年会）在大连世界博览广场开幕，中共中央政治局常委、国务院总理温家宝出席开幕式并致辞。（新华社记者谢环驰摄）

下半年，我们开始考虑对产业的科技支撑，着手研究培育新的经济增长点，特别是战略性新兴产业。我记得有一次在无锡中科院传感网研究中心参观，在那里遇到一批年轻有为的青年。他们许多是从海外归来的学子。他们给我介绍什么是物联网，物联网就是传感器加互联网，也就是说通过传感器可以将互联网运用到基础设施和服务产业，它有着广阔的前景。为此他们起了一个很生动的名字，叫做“感知中国”。我知道世界各国都在考虑占领科技的制高点，也就是占领新兴产业的制高点，这些才真正决定着一个国家的未来。

为此，我回到北京以后，连续召开三个座谈会，有科技、经济和企业方面的专家参加，来研究中国的战略性新兴产业。大家都感到，除了发挥诸如装备制造业这种我们的传统优势以外，应该大力发展互联网、绿色经济、低碳经济、环保技术、生物医药这些关系到未来环境和人类生活的一些重要领域的科技。

通过这些调查和座谈以后，我在北京召开了一次科技界大会，总结和归纳了科技界、产业界、经济界提出的建议，比较系统地提出了我国战略性新兴产业未来发展的方向。现在这个规划我们还在拟订当中，我们准备把它同“十二五”规划紧密地联系在一起。

新华社记者：看到过您的那篇讲话，题目就是《让科技引领中国可持续发展》。

温家宝：对。我一直讲，中国的经济问题，根本上还是结构性的问题。就是我常说的，我们经济上还存在着不平衡、不协调、不可持续的问题。但是这些问题的焦点还在于如何调整经济结构，包括第一二三产业的结构、地区结构、投资与消费的结构。更为重要的就是要运用科技的力量来转变发展方式，这是中国经济发展的关键之所在。

2009年11月28日至29日，中共中央政治局常委、国务院总理温家宝到上海、江苏考察工作。这是11月28日，温家宝在中科院上海硅酸盐研究所考察时同老科学家亲切握手。（新华社记者饶爱民摄）

我在基层看到工人在车床旁工作，我对他们讲，每一个部件，它的精确性、它的工艺水平，都反映着或者说都深烙着一个民族的精神。只有那些勇于创新并且精益求精的民族才是最有希望的民族。中华民族的希望也就在这里。

新华社记者：经济发展最终是为了改善民生，我们的一揽子计划民生是重点。临近年终，请总理解释一下一揽子计划在民生方面我们采取的政策以及带来的实惠，在新的一年里，改善民生还有什么新的计划？

温家宝：你说得非常对。我们经济发展最终目的是为了不断满足人们日益增长的物质文化需要，提高人们的生活水平。也就是说为了改善民生。在整个应对金融危机过程中，我们始终把改善民生摆在重要位置。在财政非常困难的情况下，我们提高了退休职工的待遇和低保的水平。这里我只想说，今年我们做了两件大事。

第一件事情就是推进医药卫生体制改革。医药卫生体制改革，可以清晰地划分为五个环节。一是新农合。二是在城镇职工和居民中广泛地实行医疗保险。这两项工作涉及每一个人。我可以告诉你，现在参加新农合的已经超过 8 亿人，城镇职工和居民参加医疗保险的已经超过 4 亿人，两项加在一起已经超过 12 亿人。当然，我也应该客观地说，我们现在的保障水平还比较低。三是加强基层医疗卫生机构建设，城市社区、农村乡镇以及村卫生医疗单位的基础设施建设，我们投入了大量的资金。四是实行基本药物制度。全国大约

400 多种，其目的就是改变以药养医的状况，解决群众看病贵的问题，这项工作还在进行当中。五是推进公立医院改革试点。我们为了医药卫生体制改革，三年筹备了 8500 亿元资金予以支持。我们一定要克服种种困难，切实把这项涉及全国人民健康的大事办好。

第二件事情就是从今年开始，我们在农村进行农民的养老保险试点。今年的试点规模大约是 10%，但是实际上已经超过这个数字。这项工作是把公共的财政资源向农村倾斜。大家知道，这些年来，农民为我们国家作出了很大的贡献，甚至作出了许多牺牲。你看现在工人的组成，大部分是农村来的。我们连续 6 年粮食取得丰收，是农民的贡献。我们完全取消了农民的各项税收负担，结束了几千年农民种田缴税的历史，减轻农民负担大约 1200 亿元。与此同时，我们实行对农民种粮的各种补贴，几项最主要的补贴，合计每年中央和地方财政支出是 1200 亿。也就是说农民从过去要缴纳税费 1200 亿，到现在国家要给他们补贴 1200 亿。这不是一个简单的数字计算，而是质的变化。

我把话再说回来。我们今年开始试行农民的养老保险，也就是说通过两条渠道，一条就是国家财政，另外一条就是农民缴费。从今年开始，从试点单位开始，年满 60 岁的农民，每月可以拿到 55 块钱。这个钱并不多，但它跨越了一个时代。

我仅举这两个例子来说明我们把民生放在重要的位置。

新华社记者：今天上午 10 点您接受新华社独家专访的消息就在新华网和中国政府网公布了。网民反响非常热烈，他们也向您提出了不少问题，我带来了比较集中的两个问题，其中一个是农民工朋友提出来的。最近他们非常关注放宽户籍限制和基本养老保险关系跨省就业能不能一起转移的政策。他们想知道在这方面有没有具体的安排？

温家宝：提起农民工，我心里有一种说不出来的感情。6 年前，我曾经为一位叫熊德明的农民工讨过工钱。前些天她给我来了一封信，说她养了 200 多头猪，她希望人们都能吃上放心肉。我帮助她讨薪这件事，实际上是一件很普通的事，我更注重研究的是制度问题。现在我们已经开始研究涉及农民工的深层次问题了。

最近中央作出了两个决定。一个是稳妥地推进户籍制度改革，这是我们国家加快工业化、城镇化步伐的需要。这项改革的具体办法还正在研究，但我可以把思路告诉大家。首先，我们要解决那些常年在城里打工，有固定工作和固定住所而又没有户籍的人们，让他们融入城市，和城里人一样工作和生活，享受同样的权利和待遇。第二，我们还要考虑大城市的承载能力。当前首要的是要引导农民工在中小城市和大的集镇安家落户。

这项工作意义重大，从经济上讲，可以增强我们经济发展的动力，扩大内部需求；从政治上讲，可以使农民工享受到与城市居民平等的待遇。当然，由于农民工具有流动性和不稳定性的特点，我们还要坚持和完善农村的基本经济和社会制度。

另一个是出台了农民工基本养老保险关系跨省转移接续办法，这是一项重大的制度建设。一是农民工在流动就业时，其个人账户的储存额能够全部转移到新参保地。二是单位为其缴费部分的一定比例也可以随之转移。三是个人缴纳养老保险费满 15 年的，与城市职工享受同等待遇。这样做的目的，是避免农民工退保，使农民工融入城市，和城市职工享有同样的待遇。

新华社记者： 另一个问题是，一位网民说房价涨得太快了，一平方米一个月竟然涨了 1000 块钱，他们想请总理谈一谈房价的问题。

温家宝： 我知道网民关注这个问题。因为我每天上网看到大量网民的意见，甚至很尖锐的批评。因为房子对于每个人来讲都关乎他们的切身利益。

今年房地产有了比较快的恢复，但同时房价在一些地区和城市上涨过快，引起了中央高度重视。如何使房地产建设能走入一个健康的轨道，首先需要弄清楚政府要做什么，市场要做什么，如何既发挥市场机制的作用，又发挥政府调控的作用。在这里我只讲一讲政府应该做的事情。

第一件事情就是要加大保障性住房的建设力度，加快棚户区的改造。对这两项工作，在资金、土地及税收上，都要给予优惠和保障。

第二，要鼓励居民购买自住房和改善性住房。但与此同时，要采取措施抑制投机。中国的国情决定了我们的住房必须坚持安全、经济、适用和省地的原则，特别要重视中小套型和中低价位房屋的建设。

第三，要运用好税收、差别利率及土地政策等经济杠杆加以调控，稳定房地产的价格。

第四，要维护房地产市场秩序，打击捂盘惜售、占地不建、哄抬房价等违法违规的行为。

我觉得只要政府有决心解决这个问题，不是头痛医头、脚痛医脚，而是经过深入调查研究，统筹考虑各方面的情况，制定长远的规划和政策，使我国的房地产有一个稳定发展的局面，这是可以做到的。

新华社记者：提一个关于物价的问题。您说过明年工作中要把保持经济平稳较快发展、调整经济结构和管理好通胀预期这三个方面结合起来。通胀预期是什么含义？大家对物价问题都比较关心，想听听总理您的意见。

温家宝：保持经济平稳较快发展依然是我们当前经济工作的首要任务；调整结构、转变经济发展方式是我们经济工作的重点；而管理好通胀预期是为经济发展创造一个良好的外部环境，同时也是保护人民的利益。

我们提出这三者的结合，就是说我们已经开始关注到一些通胀预期。第一，就是国际大宗商品价格的上涨可以传导到国内，比如像石油、棉花；第二，就是今年货币的供应可能影响到通胀的预期；第三，就是明年物价有一个“翘尾”的因素；第四，我们现在还没有出现通货膨胀，CPI 刚刚由负转正，PPI 也还是负的。但是我们要预见到通胀有可能出现。特别是在我们这个国家，存在着收入分配不公和差距过大的问题。物价如果不保持在一个合理的区间，对一部分人来讲可能不成为问题，但是对相当数量的中低收入者，尤其是贫困家庭，就会成为很大的负担。

我们必须给经济创造一个良好稳定的环境，使经济发展、结构调整和物价上涨都保持在一个合理的区间，这样经济才能够顺利地发展。对于这一点，我们把它提出来，就说明中央重视这个问题，并且把它作为明年经济工作的一条重要方针。

新华社记者： 还有一个问题就是产能过剩的问题，这是一个历史上反复出现的老问题。有人说，现在的产能过剩和4万亿元投资有关系。到底怎么看这个问题？我们有没有什么办法去解决这个老问题？

温家宝： 产能过剩是一个带有全球性的问题。它的最基本原因就是由于需求减少、市场萎缩而造成的生产过剩。在我国除了这个一般的规律外，还有一个结构性问题。我们必须重视这个问题，并且认真加以解决。

我想，解决产能过剩最重要的就是要采取经济的手段、环境保护的手段、法律的手段及必要的行政手段，来淘汰落后的产能，限制过剩产能的发展。特别是要限制高耗能、高污染产业的发展。另外一个方面是人们不太重视的，那就是通过技术改造使过剩的产能在一些新的领域发挥新的作用，这就需要加大技术改造投入。总之，淘汰落后产能必须站在战略的高度，从全球经济的视野来加以把握。

有人说产能过剩同4万亿元投资有关，从一开始就有这样的议论。我是这样看的，4万亿元投资中，中央新增投资是1.18万亿元，在今年只完成了一半，大约5900亿元。而在这5900亿元当中，我们大部分都投向了安居工程建设、农村基础设施建设和民生工程建设，也就是路、水、电、气，还有环境保护和技术改造。另有一部分是安排必要的基础设施建设，比如京沪高速铁路，以及重要高速公路的联网，这些将会在经济发展过程中长期起作用。我可以保证，中央投入的这些资金没有投向一个工业项目。

新华社记者：再提一个关于鼓励民间投资的问题。总理肯定听到过“两道门”的说法，意思是现在民间投资进入一些领域，遇到“两道门”，一个是“玻璃门”，看着可以进去，真的想进去的时候，头上会撞个大包；还有一个就是“弹簧门”，刚刚把脚挤进去之后稍稍不小心就被弹出来了。我想请问总理，怎么样拆除这“两道门”，鼓励民间投资呢？

温家宝：民间投资在一定程度上反映了我们经济复苏的情况。首先，在投资政策上我们一定要坚持两个“毫不动摇”：要坚持公有制经济为主体，同时又要坚持发展多种所有制经济，特别是民营经济。民营经济灵活而且大多在服务领域，可以解决就业问题。现在我们最重要的就是要使市场树立起信心，使投资者树立起信心，来扩大民间投资的领域。

第二，就是要保持政策的连续性和稳定性，也就是你刚才讲的“玻璃门”和“弹簧门”的问题。我以为最为重要的就是扩大准入。简单说来，凡是政策没有规定不可以进入的，都应该让民间资本进入。一个国家民间资本蓬勃发展是整个经济发展的一个象征，是有活力的表现，也是自信的表现。

第三，我们要在税收、贷款及其他方面给予政策上的支持。

我相信，经过坚持不懈的努力，中国的民间投资，特别是中小企业会蓬勃发展起来。其实你可以看到，现在的民间资本所投资的领域已经非常广了，很多是创业型的，包括我们的大学生、农民工及从国外回来的海外学子。他们运用自己的知识和技能，来创造、开辟新的创业领域。我对这点是抱有信心的。

新华社记者：国际金融危机之后，对外经济关系中出现一些热点问题，比如说各种形式的贸易保护主义非常厉害，其中有针对中国的。一些国家又要求人民币升值。面对这种困难局面，我们应该怎么办？

温家宝：我曾经在中欧领导人南京会晤的记者招待会上

讲过，现在不仅存在着贸易保护主义，甚至出现了借环保的名义搞贸易保护。他们以各种方式来制造贸易壁垒，这对于中国外向型产业，特别是出口，压力很大。

2009 年 11 月 30 日，中共中央政治局常委、国务院总理温家宝在江苏南京与欧盟领导人共同出席第五届中欧工商峰会闭幕式并发表演讲。(新华社记者张铎摄)

当然，我们自己要调整出口结构，提高出口产品的质量和档次，在非常困难的情况下，保持我们在国际出口市场上的份额。

另一方面，我们又要和各国一起共同反对贸易保护主义，推动多哈回合谈判取得新的进展。我以为，世界经济如果像一潭死水一样，那是不可能发展的。这个道理大家都明白，但是大家都不愿意做。现在需要的是行动。

确实像你说的，现在我们涉及贸易纠纷的案件是近年来最多的。最近我看到一个材料，圣诞节刚过，浙江一个省圣诞产品出口比常年降低28%。这里有外部需求的减少，但是也有各种形式贸易壁垒来阻挠贸易的正常进行。

关于人民币升值面临的压力越来越大问题，大家还记得在1998年那场金融危机当中，我们保持了人民币币值的稳定，对国际社会作出了重大贡献。今天我仍然认为，在世界主要货币接连贬值的情况下，人民币保持币值的基本稳定是对国际社会的贡献。那种以各种压力来迫使我们升值的要求，我们绝对不会答应。我曾经这样对外国朋友讲，你们一方面要人民币升值，另一方面又采取形形色色的贸易保护主义，其实质就是要抑制中国的发展。这可能是我们明年对外经济工作面临的一个重大课题。

新华社记者：与对外关系比较密切的，还有您刚刚出席的哥本哈根应对气候变化大会。这次会议可以说是跌宕起伏、一波三折。据我所知，在近60个小时里您只休息了几个小时。现在会议结束了，一些国家对于哥本哈根会议的成果有着不同的解读。请问总理，我们应怎样看待？另外，中国在这次会议上发挥了什么样的作用？

温家宝：会议结束，余波未了。有关这次会议的情况，报道已经很多了，我不想过多地重复这些内容。我一直认为，应对气候变化是全人类共同面对的挑战。我们一直本着对中国人民负责和对世界人民负责的精神，积极参与应对气候变化的工作。

如果你回忆一下，《联合国气候变化框架公约》及其《京都议定书》规定发达国家要减排，同时规定发达国家要对发展中国家减缓和适应气候变化提供必要的资金支持和技术援助。我们是一个发展中大国，也是第一个制订出应对气候变化国家方案的发展中国家。同时，在没有任何国际援助的情况下，我们自主提出了到2020年单位国内生产总值二氧化碳排放比2005年下降40%—45%的目标，这体现了中国高度负责任的态度。

我只讲一个问题，有的人说不要纠缠历史。我说这不是纠缠历史，而是历史客观存在，必须正视。因为不正视历史，也就不会懂得今天国际社会存在的贫富差别，更不会懂得发展中国家谋发展是他们最重要的诉求。《公约》和《议定书》最基本的就是“共同但有区别的责任”的原则，这也

2009年6月5日，国家应对气候变化领导小组暨国务院节能减排工作领导小组会议在北京召开。中共中央政治局常委、国务院总理、国务院节能减排工作领导小组组长、国家应对气候变化领导小组组长温家宝主持会议并讲话。（新华社记者庞兴雷摄）

是从历史和国情的判断而作出的。

前两天我看了一篇文章，深有体会。作者说在哥本哈根会议开会期间，他想起南方的老母亲还在点着煤火炉来取暖。像这样的情况可能英国的孩子们感受不到。我们必须正视这样一些事实，就是世界上还有16亿人没有用上电，还有23亿人是用煤甚至柴火来取暖和做饭。中国这些年是发展了，但人均用电量仅是发达国家的六分之一到三分之一，千人汽车的拥有量也只有发达国家的几十分之一。人口多、地区发展不平衡、贫困面大依然是我们的基本国情。我们决不会再走发达国家工业化的老路，以牺牲环境为代价来发展经济。但是，我们必须为中国的发展争得应有的权利。

中国这次参加哥本哈根会议发挥了积极的、建设性的作用。可以说我们尽心、尽力了，而且尽到了责任。我们一直希望能够达成一个有约束力的协议，但是直到我 17 日参加会议的时候，还没有一片纸。在这种情况下，我们通过大量的斡旋，积极地推进，使哥本哈根会议终归向前迈进了一步。

我觉得世界各国都应该肯定会议的成果，并且向前看，携起手来，一起努力，凝聚共识，共同应对气候变化。中国政府一定会继续坚持这个方针。

新华社记者：提一个关于经济政策方面的问题。一段时期以来，出现了刺激经济的政策是否应该退出的讨论。我们明年还要实施积极的财政政策和适度宽松的货币政策，这是出于什么样的考虑？

温家宝：这是一个很重大而且很严肃的问题。我一直认为，世界经济是互相联系的，但是各国采取的应对危机的政策是不一样的，政策退出的时机和方式也可以是不同的。我们提出要保持政策的连续性和稳定性，继续实行积极的财政政策和适度宽松的货币政策，并且增强政策的针对性和灵活性，保持宏观调控的正确方向、一定的力度和合理的节奏。就是说，我们在对待经济复苏和经济持久发展这个问题上持十分审慎的态度。我曾经说过这样一句话，“经济企稳向好并不等于经济根本好转”。其实，经济根本好转也还不等于我们的经济能走上一条可持续发展的轨道。我们现在还面临许多问题，主要是：

第一，国际环境还有许多不确定的因素。一些国家的经济虽然开始恢复，但还可能出现反复。外部需求持续减弱这个趋势还是难以转变的。

第二，虽然我们的经济开始好转，但是经济的发展、企业的运行，许多还是靠政策的支持，缺乏内在的动力和活力。也就是说，在这种情况下，过早地把促进经济的政策退出的话，就可能前功尽弃，甚至使形势发生逆转。

当然，我们也必须根据形势发展的变化，来调整我们的政策和方针。就拿投资来讲，我们今年的投资已经注意向民生倾斜，向环保和技术创新倾斜。所以，明年的投资力度不减，但其内涵要发生变化，就是要更加重视发展社会事业，更加重视技术创新，更加重视节能减排。总之，中央是全面分析国内外的形势才确定明年的大政方针的。但是，我们在执行过程中，还会根据形势的变化，不断地研究新情况和新问题，提高政策的针对性。

新华社记者：我国经济发展正处在企稳回升的关键时期。请问总理，这个时期会持续多长时间？经过这个时期之后，中国经济会是一个什么样的面貌？

温家宝：其实要把企稳回升和根本好转，以及保持经济平稳较快发展，划一条什么界线是很难的。我觉得我们现在就是要做好当前的事，同时又要筹划未来的事。所谓“做好当前的事”，就是把应对金融危机的各项工作继续搞好；“筹划未来的事”，就是为中国经济长期的可持续发展奠定基础。

我们正在研究制订“十二五”规划，我们要结合制订“十二五”规划，总结前一阶段应对金融危机我们的各项工作，并且为未来的发展明确方向、制定政策。

新华社记者：我们知道，在应对金融危机的过程中，总理有不少名言。金融危机刚刚爆发的时候，您说“信心比黄金和货币更重要”；中国经济出现积极变化的时候，您说“希望像一盏永不熄灭的明灯，给各国、各企业和世界人民照亮方向”。现在，中国经济回升向好的趋势得到了巩固，新年又快到了，总理您有什么话要对全国人民讲？

温家宝：应对国际金融危机，我们已经取得了明显的成效，但在我们面前的仍是一条不平坦的道路。我们这个民族经历过很多灾难，但是独立不惧、百折不挠是我们的优良传统。

新的一年快到了，我希望全国人民在党和政府的领导下要坚持。胜非为难，持之为难，坚持到底就是胜利。希望在新的一年里，我们还要继续保持忧患意识和危机意识，更加兢兢业业地努力工作，努力奋斗。中国的明天大有希望。

新华社记者：再次感谢总理接受新华社的独家专访。

温家宝：谢谢新华社。

“中国的明天大有希望”

——温家宝总理接受新华社独家专访侧记

新华社北京 12 月 27 日电（记者孙承斌、李斌、赵承、熊争艳）“作为政府总理，应该把真实情况向人民讲清楚，这是我的义务。同时应该给人民带来信心和希望。”

2009 年 12 月 27 日下午 3 时，古色古香的中南海紫光阁。中共中央政治局常委、国务院总理温家宝来到这里，面对面接受国家通讯社——新华社的独家专访，就当前经济形势和明年经济工作等问题回答新华社记者提问。

自信的神情，有力的手势，坦诚的态度，坚定的话语……约 100 分钟的专访，让人们领略了共和国总理的自信、坚定、务实和爱民情怀。

自信和坚定，表现为面对困难的冷静和决断——

过去一年多来，面对严峻复杂的经济形势，党中央、国务院团结带领全国各族人民坚定信心、迎难而上、共克时艰，率先实现经济形势总体回升向好。

“过去这一年，可以说是惊心动魄的一年。”面对记者的提问，身着深色西服的温家宝感慨万千，仿佛把人们的思绪又拉回到那一个个不寻常的日日夜夜——

根据党中央、国务院统一部署，去年11月出台扩大内需、促进经济增长的十项措施以来，国务院已召开57次常务会议，通过了产业调整振兴规划、区域发展规划等应对危机的一系列政策措施。政策之密集，举措之有力，出手之果断，为近年来所少见。

67岁的温家宝风尘仆仆，不辞辛劳，自去年6月以来先后36次深入全国各地考察调研，足迹遍及23个省、自治区和直辖市……

“应该说，通过全国人民一年的努力，我们稳住了经济、稳定了就业，保持了社会的安宁。”谈起对一年多来应对危机的评价，温总理言辞恳切而谦逊，“金融危机还没有过去，许多工作还没有结束，现在打分还为时过早”，“打多少分还得靠实践和历史的检验，最终靠人民的评价”。

事非经过不知难。

一年多前，温家宝曾坦露心迹：“冬天总会过去，春天总会来的，太阳也总要出来的。我相信，渡过这个难关，我们一定会生活得更好。”

今天，面对依然严峻复杂的经济形势，和全国人民一道历经“非典”疫情、汶川特大地震灾害等重大考验的温家宝，再一次真情表白：“我要跑遍各地，直到应对国际金融危机取得最后胜利。”

紫光阁里，暖意融融。温家宝同记者的对话逐渐深入。从调整经济结构到抢占科技发展制高点，从管理通胀预期到解决产能过剩，从鼓励民间投资到转变外贸发展方式……直面一个个提问，温家宝敞开心扉，畅谈一年多来应对国际金融危机的心路历程、决策始末和明年经济工作的安排部署。

这是一次坦诚、务实的交流——

码头上堆积着大量的矿石，可以用到今年 6 月；中国最大的集装箱厂，竟然一个集装箱的订单都没有……温家宝列举自己的所见所闻，坦言危机之初“不知这场灾难给中国经济带来多大的损失，也不知道它会持续多长时间”。

“经济企稳向好并不等于经济根本好转，经济根本好转也还不等于我们的经济能走上一条可持续发展的轨道”，“我们经济上还存在着不平衡、不协调、不可持续的问题”……面对我国经济率先复苏，温家宝对形势的分析和判断，透出一贯的清醒和冷静。

“保持经济平稳较快发展依然是我们当前经济工作的首要任务；调整结构、转变经济发展方式是我们经济工作的重点；而管理好通胀预期是为经济发展创造一个良好的外部环境……”

“我们现在就是要做好当前的事，同时又要筹划未来的事……”

“更为重要的就是要运用科技的力量来转变发展方式，这是中国经济发展的关键之所在……”

谈思路，说未来，温家宝条分缕析，一一道来。

国计与民生，是总理肩上的一副重担。

谈及民生话题，温总理不禁有些动容：“经济发展最终目的是为了不断满足人们日益增长的物质文化需要，提高人们的生活水平，也就是说为了改善民生。在整个应对金融危机过程中，我们始终把改善民生摆在重要位置。”

提高退休职工待遇和保障水平，推进医药卫生体制改革，推行农村养老保险试点……温家宝饱含深情的话语间，流露出对百姓冷暖的深深牵挂。

“物价如果不保持在一个合理的区间，对一部分人来讲可能不成为问题，但是对相当数量的中低收入者，尤其是贫困家庭，就会成为很大的负担”……信奉“穷人经济学”的温家宝，牵挂着普通群众的“柴米油盐”。

“房子对于每个人来讲都关乎他们的切身利益。”房价的过快上涨，牵动中南海的目光；网民的担忧和批评，每天上网的总理一直记在心上。加大保障性住房建设力度，采取措施抑制投机，稳定房地产的价格，维护房地产市场秩序……温家宝一一列出政府调控房价的工作部署，让人们看到了政府的决心和信心。

对农民工这个庞大的群体，温家宝有着特殊的感情。专访过程中，新华社记者提了两个有关农民工的问题。总理在回答完放宽户籍限制的问题后，忘了回答关于农民工基本养老保险关系跨省转移接续的问题。专访结束后不久，总理两次致电新华社总编室和负责同志说：“这个问题太重要了！专访时我忘了回答，能否以适当方式补救一下？”

“信心比黄金和货币更重要”——一年前的9月，在纽约华尔道夫饭店，温家宝曾这样鼓励惊惶不安的国际经济金融界人士。

“希望像一盏永不熄灭的明灯”——今年4月，在博鳌亚洲论坛开幕式上，他曾这样向困境中的人们描绘未来。

“胜非为难，持之为难，坚持到底就是胜利”——今天，在中国经济企稳回升的关键时刻，他又一次用富有激情的语言，激励 13 亿人民继续保持忧患意识和危机意识，更加兢兢业业地工作、奋斗。

“中国的明天大有希望!”——这是一个大国总理的自信与坚强，更是一个民族历经艰难考验后展现的不屈风采……

图书在版编目（CIP）数据

信心与希望：温家宝总理访谈实录/新华社总编室编

北京：新华出版社，2010.3

ISBN 978－7－5011－9169－7

Ⅰ.①信…　Ⅱ.①新…　Ⅲ.①政治—问题—中国—文集　Ⅳ.①D61－53

中国版本图书馆 CIP 数据核字（2010）第 043524 号

信心与希望：温家宝总理访谈实录

策　　划：卢仲云　要力石　许　新
责任编辑：刘　飞　张　程
封面设计：伍民力
出版发行：新华出版社
地　　址：北京石景山区京原路 8 号
网　　址：http：//press.xinhuanet.com　http：//www.xinhuapub.com
邮　　编：100040
经　　销：新华书店
照　　排：新华出版社照排中心
印　　刷：河北高碑店市德裕顺印刷有限责任公司
开　　本：710mm×960mm　1/16
印　　张：9.25　彩插：5
字　　数：75 千字
版　　次：2010 年 3 月第一版
印　　次：2010 年 3 月第一次印刷
书　　号：ISBN 978－7－5011－9169－7
定　　价：26.00 元

购书热线：010－63077122　中国新闻书店购书热线：010－63072012
图书如有印装问题请与出版社联系调换：010－63073969